NOUVEAU

CHANSONNIER

NOUVEAU

CHANSONNIER

1870

PAROLES DE A.-H. AUBERT

Se vend chez l'Auteur, à Pirmil (près Noyen-sur-Sarthe
& à l'Imprimerie Beauvais.

LE MANS,

IMPRIMERIE BEAUVAIS, PLACE DES HALLES.

1869

NOUVEAU CHANSONNIER

1870.

Paroles de A.-H. AUBERT.

Se vend chez l'Auteur, à Pirmil (près Noyen-sur-Sarthe), et à l'imprimerie Beauvais.

Jean Dufour, le vieil amoureux.

Air : *Il était un p'tit homme.*

Dans un petit village,
Un garçon amoureux
  Quoique vieux,
D'une fille dont l'âge
Dépassait pas vingt ans,
  Mais sans champs ;

Il lui dit un beau jour
Veux-tu de mon amour
  Ma belle enfant, (*bis*) } *bis.*
J'ai soixante-quinze ans.

J'ai des prés et des vignes,
Des champs aussi des bois,
  Puis je crois
Avoir des maisons dignes
De pouvoir te loger
  Pour coucher ;

Toi tu n'as qu'onze écus,
Ma belle, me veux-tu
   Pour ton époux (*bis*)
Je te les donne tous
} bis.

A tant d'attraits, la belle
Répondit doucement,
  Rougissant,
Vous troublez ma cervelle,
Tant pour vous j'ai d'amour,
  Jean-Dufour,

Devenez mon époux
Mon chéri, mon loulou,
  Car, je vous prends, (*bis*)
Bien-aimé pour vos champs.
} bis.

Faisons les épousailles
Mon ami promptement,
  Car avant,

Je crains vos funérailles ;
Pour moi, quelle douleur,
  Mon cher cœur ;

De vous voir enterrer
Avant de nous marier
  Je verrais tous (*bis*)
Mes champs fuir avec vous.
} bis.

La Chauffrette de Lisette.

Air : *Tiens, ma Lisette, quittons-nous* (de Paul
de Kock).

Lise est une charmante fille,
De qui je brigue les amours ;

Aussi douce qu'elle est gentille
Comme elle embellirait mes jours.
Mais elle n'entend pas fleurette
Et l'amour n'y fait pas la loi
Rien la chauffe que sa chauffrette
Chauffrette que ne suis-je toi !

} *bis.*

Le long du jour en sa chambrette,
Ah ! sur toi viennent se poser
Les deux pieds mignons de Lisette,
Toi seule peux les caresser.
Puis tu vois sa jambe bien faite ;
Tu vois.... Hélas ! que sais-je quoi ?
Ce que je sais. C'est que chauffrette
Je voudrais être au lieu de toi.

} *bis.*

Lorsque sa journée est finie
Qu'elle veut aller reposer,
Chauffrette, alors que je t'envie
Quand tu la vois se délacer.
Couchée, endormie, Lisette,
Fait tous ses rêves près de toi ;
De Lise tu sais tout, chauffrette,
Que je voudrais bien être toi !

} *bis.*

Le Fruit défendu.

Air : *Vive le fruit défendu* (dans don César
de Bazan).

Ami, nos désirs sur terre
Ne sont jamais satisfaits,
Ce qu'on a sait nous déplaire
Car, est-on content ?... Jamais.
On envie la fortune,

On envie les honneurs,
Cette loi, nous est commune,
De courir après des pleurs ;
Chacun court tout éperdu
Après le fruit défendu.

} *bis.*

Chacun envie la femme
Qui ne lui appartient pas
Viens-t-on à gagner la dame
Que de suite on en est las ;
Jeune on voudrait la vieillesse,
On appelle à soi les ans,
Vieux on voudrait la jeunesse
Nous pleurons notre printemps.
    Chacun, etc.

On veut être appelé sage
Etant un franc libertin,
Une femme au cœur volage
Ne veut pas être catin ;
On voudrait passer pour humble
Quoique des plus orgueilleux,
Le poltron qui toujours tremble
Veut passer pour courageux.
    Chacun, etc.

On veut être charitable
En boulant les malheureux,
On se donne tous au diable
Tout en enviant les cieux.
On court tous de rêve en rêve
Après de cuisants remords ;
Un jour vient ; le vrai se lève
C'est celui où meurt le corps.

Là on voit qu'on a perdu
Sa vie au fruit défendu.

} *bis.*

Le Corps, l'Ame et la Raison.

Air : *De la bergère* (de Florian).

Le corps dans cette vie
Dit : je veux tout pour moi.
Tant pis pour qui mendie
J'en ai pas trop ma foi.

Quoi ! faut que je partage,
Me dit l'âme, mon pain,
Au pauvre qui m'outrage,
Qu'il meurt s'il veut de faim.
} *bis.*

Elle dit : Si tu donnes,
Au pauvre un peu de pain,
Du ciel par tes aumônes
Tu m'ouvres le chemin.

Que m'importe où tu ailles
Lui dis-je ? jusqu'au bout,
Moi je ferai ripailles
Me faut vivre avant tout.
} *bis.*

Le pauvre te ressemble,
Dit encor la raison,
D'avoir faim un jour tremble,
Quoique riche à million.

L'appelant radoteuse
Je ris de ses sermons,
De la vie joyeuse
J'aime mieux les raisons.
} *bis.*

La pauvreté m'offusque
Passant sur mon chemin,
Comment à la caduque

Tendrais-je donc la main ?

Que mon âme aille au diable,
Et où raison voudra ;
Jamais pauvre à ma table
Avec moi s'assiéra.　｝ *bis.*

Fille et Pâquerette.

Air : *Petits lutins à la mine éveillée.*

Tu effeuilles, curieuse,
D'une main tremblotteuse
Paquerette au printemps,
Chaque jour dans les champs.
Qu'y cherches-tu? Ah! je crois le comprendre
C'est un aveu que tu voudrais entendre,

Le demander tu n'oses,
Excepté à la fleur,
Si elle répond : oui, alors tes couleurs roses
Disent tout ton bonheur (*bis*).　｝ *bis.*

Retenant ton haleine,
Et d'un regard en peine,
Chaque feuille arrachant
Tu dis lui demandant,
Feuille, dis-moi, ô ne mens, s'il m'aime
Autant que moi que je l'aime moi-même.

Le demander, etc.

Mais petite entêtée,
Si toujours obstinée
Répond l'oracle : non,
Lors tu prends un bouton
En le cueillant d'une humeur courroucée,
Tu dis : viens, toi, dis mieux ma destinée.

Lui demander, je n'ose,
Et pourtant à mon cœur   [chose;
Il faut répondre : amour ! et non rien autre
Réponds, fais mon bonheur (bis).

bis.

Diogène et Crésus.

Air : *Ce qu'il faut faire pour devenir riche*
(même Auteur).

J'ai lu quelque part dans l'histoire,
Celle de deux hommes connus,
Leur nom, si j'ai bonne mémoire,
Etaient Diogène et Crésus.
L'un n'aimait rien que la misère,
L'autre n'aimait que les écus ;
Des deux, lequel que je préfère,
Aujourd'hui je ne le sais plus,

J'ai bien l'idée à Diogène,
De dire que richesse gêne,
Qu'elle est nuisible à nos vertus,
Mais pauvreté gêne encor plus.

bis.

Surtout, dans le siècle où nous sommes
Que sans argent on meurt de faim,
Où, par l'avarice des hommes,
Le travail nous laisse sans pain.
Pourquoi, c'est qu'aux pauvres on donne
Le travail le moins salarié,
Et qui est plus d'une personne,
Meurt de faim sans faire pitié.

J'ai bien, etc.

Si sans argent on ne sait vivre,
Guère gagner ! ! ! Rien posséder ! ! !
Ni bien, ni rente sur le Livre
Comment ses enfants élever ;
Pauvre, quoique l'on soit capable ;
D'occuper par sa probité
Une position respectable
Toujours on est mis de côté.

J'ai bien, etc.

Qui donne faim voici l'affaire
C'est que gueux honnête on n'est pas
Puis quoique probe on ne l'est guère
Ni honnête, ni probe, hélas !
Fait que jamais on ne mérite
De son semblable aucun égard,
Chacun vous fuit et vous évite
Comme un tigre ou un léopard.

J'ai bien, etc.

Jésus dans son saint évangile
En Diogène parle aussi,
Dit qu'aimer l'or est passion vile
Que son père seul nous nourrit.
Son dire est appuyé d'exemple
C'est celui du petit oiseau,
Qui du dieu d'or détruit le temple
Par la faim descend au tombeau.

Ceci posé, on pourrait dire,
Diogène et Jésus j'admire,
Mais pour vivre faut des écus,
Il nous faut adorer Crésus.

Le Roi de la Philosophie.

Air : *Qui veut connaître ma politique* (même
Auteur).

Je suis roi de la philosophie,
Et je vais vous démontrer comment ;
Ici-bas, voici quelle est ma vie,
Sans un sou valant je vis content (*bis*).
Quoique chef d'une grande famille,
En travaillant je chante toujours,
Fièrement je porte ma guenille
Me croyant mis de soie et velours (*bis*).

> Je me ris de l'opulent
> Et de tout son étalage,
> Je dis : passer le voyant,
> Tout ça n'est qu'un faux mirage. } *bis.*

Riant toujours, mon pain noir je mange,
Avec ma femme et tous mes enfants,
Seul ou avec un peu de fromage,
Qu'importe quand j'en ai mon content (*bis*).
Je dis souvent, pleurant la richesse,
Mange canards, poulets et perdrix,
L'ambition la ronge sans cesse
Par elle je ne fus jamais pris (*bis*).

> Je me ris, etc.

Si passant le riche m'éclabousse,
Je lui dis : je ressemble au Seigneur,
Toi, vers la bête, l'orgueil te pousse
Dieu le dit : De qui veut la grandeur (*bis*).
M'appelant petit, misérable...

Ho ! Je puis te répondre, — c'est toi !
Souviens-toi que Dieu dans une étable
Naquit, et qu'il ne fût jamais roi ! !
    Je me ris de, etc.

Le Conseil de Révision.

Air : *Je suis marié depuis c'matin.*

L'major m'a dit qu'j'étais soldat,
J'suis pas trop p'tit vous en déplaise,
J'vais donc pouvoir servir l'Etat   } *bis.*
Puisqu'on m'a dit bon pour soldat,
Oui bon pour soldat.

Chacun m'disait qu'j'étais trop p'tit
Pour le service militaire,
Que j'suis content, l'major m'a dit
Qu'un bon soldat je pouvais faire.
    L'major m'a, etc.

Chacun de moi partout s'glosait.
En m'disant que j'n'étais qu'un gnome,
Jeanne ou Suzon de moi disait
Toujours que j'nétais pas un homme.
    L'major m'a, etc.

Aussi bien que l'grand Nicolas,
J'suis homme, j'puis faire l'affaire,
Car on ne veut chez les soldats
Qu'des hommes pour faire la guerre.
    Le major m'a, etc.

Quand en bataille on nous rang'ra
J'suis tell'ment bon, qu'là-bas, je gage,

Qu'au premier rang on me mettra
Pour faciliter ma décharge.

L'major m'a, etc.

Ça vous la r'fait mam'selle Suzon,
Vous qui n'vouliez pas que j'vous plaise,
Quand j's'rons tambour ou bien clairon,
J'f'rons toute la gloire de Thérèse.

L'major m'a, etc.

Le Père de famille.

Air : *Des muletiers basques.*

Que peut-on demander à Dieu
Rien, si pour moi voilà mon vœu,
C'est qu'assis près du feu (*bis*).

Je vois, je vois toute ma famille
Venir, sauter sur mes deux genoux,
En me disant d'une voix gentille :
Papa, papa, embrassez-nous tous.
} *bis.*

Peut-on voir plus charmants tableaux,
En est-il, hélas, de plus beaux,
Sortis de nos pinceaux (*bis*).

Non, que de voir un père, une mère
Rire et jouer avec ses enfants ;
N'est-ce pas le ciel sur cette terre,
Dieu, tous ses anges et tous leurs chants.
} *bis.*

Le travail nous donnant le pain,
La richesse doit être rien,
Quand on vit en chrétien (*bis*).

Pour moi, priant Dieu qu'il me soutienne
En habitant avec nous toujours,
Je vis sans aucun souci ni peine,
Voilà ma vie de tous les jours. } *bis.*

Gigue, gigue, giguons donc.

Air : *De la mi-carême.*

Tout est riant, quand naît le feuillage,
L'oiseau chante à l'ombre ses amours,
L'homme a son printemps, l'homme a son âge,
Où nous faut rire et chanter toujours.

Refrain.

Garçons à vingt ans
L'amour nous appelle,
Soyons pas rebelles,
C'est notre printemps.
Folâtre et volage
Sous le vert feuillage
Courons tous danser,
Et y prendre un baiser.

Gigue, gigue, giguons donc,
Fillettes jolies,
Gigue, gigue, giguons donc,
Filles et garçons. } *bis.*

J'entends, enfants, l'austère vieillesse
Qui pouvant plus goûter le plaisir;
Vous dit : enfants, aimez la sagesse
Aux danses il ne faut pas courir.

Garçons, etc.

Moi je vous dis : à l'hiver la glace,
Au printemps les feuilles et les fleurs,
Aux jeunes gens, vieillards, faisons place,
A eux les plaisirs, à nous les pleurs.

Garçons, etc.

Souvenons-nous de notre jeune âge,
N'étions-nous pas tous de jeunes fous ?
Notre pensée est-elle plus sage ?
Non, l'on voudrait faire comme eux tous.

Mais à soixante ans,
L'amour est rebelle
En vain on l'appelle,
Ce n'est qu'au printemps
Que fleurs et feuillages,
Papillons volages
Peuvent se trouver
A vingt ans danse et baiser.

Gigue, gigue, etc.

La Chausse à Madelon.

Air : *Du gentilhomme* (de d'Erigny).

Madelon voudrais-tu bien
Me prêter ta chausse ?
Personne n'en saura rien,
Crois-en bien la chose,
J'en jure, foi de Colas,
Que je ne le dirai pas

Que tu m'as don don
Que tu m'as né né
M'as don don, m'as né né   *bis.*
M'as donné ta chausse
Un beau jour de noce.

Tu me la déchirerais,
Ta jambe est trop grosse,
Beau Colas, si tu mettais
Ma petite chausse.
Quand tu l'aurais fait craquer
De moi je ferais moquer

D'avoir don don don
D'avoir né né né
D'avoir don, d'avoir né ⎬ *bis.*
D'avoir donné ma chausse
Un beau jour de noce.

Ton bas saura bien prêter
Car il est en laine,
Et il fût fait tricotté,
Sois-en bien certaine,
De manière à bien chausser
Tous pieds qu'on veut y fourrer

Tu peux don, don, don
Tu peux ner ner ner
Don don don ner ner ner ⎬ *bis.*
Bien donner ta chausse
Sans craindre à la chose.

Puisque tu le dis, Colas,
Je vais donc te croire,
Prends et mets mon petit bas,
Laine rose et noire,
Mais au monde ne dis pas
Que je t'ai donné mon bas,

Pour y met, met, met,
Pour y tre, tre, tre,
Met, met, met, tre, tre, tre ⎬ *bis.*
Y mettre ta jambe
Qui est si ingambe.

Et Colas ne se fit pas
Répéter la chose
D'une main vous prit le bas
Laine noire et rose
Et à force de pousser
A fini par y chausser

Toute sa jam, jam,
Toute sa be be,
Sa jam, jam, sa be be,   } *bis.*
Oui toute sa jambe
Tant elle est ingambe.

Madelon riant aux éclats,
Tout pendant l'affaire,
Disait : hardi, pousse Colas,
Car je vais te croire,
Que l'on fit mon petit bas
Exprès pour ton pied, Colas.

Oui ma chaus chaus chaus,
Oui ma se se se,
Oui ma chaus, oui ma se   } *bis.*
Oui ma chausse est faite
Pour qu'elle se mette.

Conseil de Satan au Clergé.

Air : *Des missions* (de Béranger).

Un jour Satan quitta l'enfer,
Et visita nos ordres,
Et voici ce que Lucifer
Leur dit : Suivez ces ordres,
Parlez plus d'inquisition
Car ce n'est plus de saison.

Ah ! si vous voulez vivre
Jusqu'à l'éternité,
Sans vous faire poursuivre
Parlez-leur liberté. } *bis.*

Laissez vos rêves de côté,
Vos rêves de noblesse,
Tous veulent la propriété
Cette illusion les berce.
Un champ fait tout leur bonheur
Ne veulent plus de seigneur.

Ah ! si vous voulez vivre
Jusqu'à l'éternité
Sans vous faire poursuivre
Parlez propriété. } *bis.*

Comme Jésus ils disent tous
(Et comme eux faut le faire),
Qu'ils sont égaux puisqu'ils ont tous
Ici-bas Dieu pour père.
Ah ! c'est perdre votre temps
A faire différents rangs.

Ah ! si vous voulez vivre
Jusqu'à l'éternité
Sans vous faire poursuivre
Parlez égalité. } *bis.*

Leurs philosophes et savants
Ne sont tous que des cruches,
Vous les ferez tomber dedans
S'ils voient plus vos baudruches,
Qu'ils appellent en riant
Des épouvantails d'enfants.

Ah ! si vous voulez vivre
Ne faut plus menacer
Leurs savants et leurs livres
De les excommunier. } *bis.*

Ils croient plus qu'un roi ici-bas.
Doit seul par le Saint-Père
Etre fait : les contrariez pas,
Laissez leur raison faire,
Ils ne sont plus des enfants
Font eux-mêmes leurs puissants.

Ah ! si vous voulez vivre
N'allez plus vous mêler
De ceux qu'ils veulent suivre   } *bis.*
Laissez-les seuls aller.

L'Oiseau de Fanchette.

Air nouveau.

Il n'est question dans le village,
Fanchette que de ton oiseau,
Ah ! je voudrais bien voir la cage,
Où tu tiens cet oiseau si beau.

Ta, ta, ta, mon beau Nicolas
Non je ne serai pas si bête
Que de te montrer sa cachette   } *bis.*
Nicolas tu la verras pas (*bis*).

Fanchette, on dit que son plumage
Est aussi fin que l'édredon,
Du rossignol a le ramage,
Fais-moi voir cet oiseau mignon.

Ta, ta, ta, mon, etc.

On dit qu'à ton oiseau, Fanchette,
Il manque quelque chose encor,
C'est la queue, et faut qu'on lui mette
Pour qu'il puisse prendre l'essor.

Ta, ta, ta, mon beau Nicolas
Ce que tu dis-là sont des contes
Je vois bien que tu me le montes
Nicolas tu lui mettras pas (*bis*). } *bis*.

Mais on dit qu'un beau jour Fanchette
S'ennuya de voir son oiseau
Sans queue ; et qu'hélas la fillette
A fini par dire à Moreau :

Ta, ta, ta, sans queue un oiseau
Ne peut pas prendre la volée,
Viens, Moreau, viens sous la feuillée
Mettre une queue à mon oiseau (*bis*). } *bis*.

Si le bon Dieu ne me punissait pas.

Air : *Voilà pourquoi je ne veux plus aimer.*

Que je dirais, amis, de belles choses,
Si je pouvais me faire médisant,
Je parlerais des gens gais et moroses,
Je parlerais du petit et du grand,
Je traiterais des amours de la femme,
Oui je peindrais les vertus qu'elle a pas,
Je décrirais les noirceurs de son âme,
Si le bon Dieu ne me punissait pas (*bis*).

Sans oublier le fier capitaliste,
Qui du labeur des nobles ouvriers
Vous entretient la légère modiste
Et fait loger la vertu au grenier,
Je parlerais de tous nos chefs suprêmes;
Qu'on nomme roi, empereur ici-bas;
J'enlèverais à tous leurs diadèmes
Si le bon Dieu ne me punissait pas (*bis*).

Sans leurs pouvoirs que seraient-ils sur terre,
Ils ne seraient que des faibles humains,
Puis enlevant la tiare au très-Saint-Père,
Lors le clergé ne ferait plus de saints.
Chut ! chut! J'entends la voix de mon bon ange,
Ah ! qui me dit : enfant, parle plus bas,
Oui tu dis vrai, ne crois pas que ça change,
Vite, tais-toi, que Dieu n'entende pas (*bis*).

Les Mineurs.

Air : *De Béranger à l'Académie.*

C'est pour nourrir ses enfants et sa femme
Que chaque jour un ouvrier mineur,
Sans penser au gaz, hélas ! qui s'enflamme,
Descend, descend d'immenses profondeurs,
Il ne craint rien quoiqu'à cent pieds sous terre
Rien, ni danger, ni travail, ni sueur ;
Si fait, il craint la cruelle misère,
Chrétiens priez pour l'ouvrier mineur (*bis*).

Tantôt c'est un torrent qui le menace
De l'engloutir au fond du souterrain,
Ou bien encore, un cri part, gare l place!
L'éboulement!!! Qu'importe, faut du pain.
Oui faut du pain pour nourrir sa famille,
Femme et enfants comptent sur son labeur.
Oh! comptez-y, il travaille tranquille,
Chrétiens, priez pour l'ouvrier mineur (*bis*).

Il ne voit plus ni terre, ni verdure,
Le ciel pour lui semble plus exister ;
Quoique de Dieu il soit la créature
Semble-t-il pas le grand jour éviter.

Il apparaît à peine sur la terre,
Rien que le temps de presser sur son cœur
Femme et enfants, tendre époux et bon père,
Chrétiens, priez pour l'ouvrier mineur (*bis*.)

Hélas ! un jour quelle affreuse misère,
Sur un brancard arrive à la maison
Quoi ? un époux, oui un époux, un père
Couvert de sang !!! Blessé et moribond !!!
Qui gagnera, qui gagnera la vie
De toute sa pauvre famille en pleur
Ce n'est plus lui... Il est blessé à vie !!!
Pitié, pitié de l'ouvrier mineur (*bis*).

La Coquetterie de Thémis.

Air : *Du XIXe siècle* (même Auteur).

Thémis s'est donc faite
Aujourd'hui coquette,
Vendant en cachette
Sa moindre faveur.

Puisque faut richesse,
Titre de noblesse,
Non honneur, sagesse,
Pour toucher son cœur.   } *bis.*

On voit la cruelle
Quand le gueux l'appelle
Faire la sourde oreille
Au son de sa voix.

Aussi l'opulence
Avec arrogance
Boule l'indigence
En dépit des lois.   } *bis.*

Comme au temps d'Hérode,
Aujourd'hui le code
Vrai n'est plus de mode.
Nous faisant égaux.

Les gens à carrosse
Seuls ont droit de cause
Qui prouve la chose
Sont les tribunaux.
} *bis.*

La loi protectrice
A tous est propice
Rendez donc justice
Sans faire infraction.

La loi le commande
Le chef le demande
De vous qu'on l'attende
Chez notre nation.
} *bis.*

Il est de nature
Que lorsque l'on jure.
De fuir le parjure
Et Dieu le défend.

Un serment t'engage
Juge soit plus sage
Car, Dieu t'y engage
Lui jamais se vend.
} *bis.*

Nécessités de la Vie.

Air : *Fuyons la ville* (danse villageoise).

Garçon et fille,
Venez sous la charmille
Venez, venez y folâtrer,
Quand du printemps le soleil brille

A l'amour tout semble inviter. } *bis.*
Tra la la, tra la la, tra la la, tra la la. }

Entendez-vous l'oiseau chanter,
  Jeunes fillettes,
   Ses chansonnettes. } *bis.*
Entendez-vous l'oiseau chanter ?
Pour vous dire qu'il faut aimer.

  Le badinage,
  Gai et leste langage,
  Ne peuvent pas nous enlever
Notre vertu quand on est sage.
Ce que je dis peut se prouver.

Tra la la, tra la la, tra la la, tra la la. } *bis.*
Entendez-vous, etc. }

  Dans cette vie,
  Faut un peu de folie
  Pour pouvoir toute la passer.
Sans quoi vient la mélancolie
Le désespoir !!! faut l'éviter ! } *bis.*
Tra la la, tra la la, tra la la, tra la la. }

Si l'oiseau se plait à chanter
  Sa mélodie
   Pendant sa vie. } *bis.*
Si l'oiseau se plait à chanter
C'est qu'il le faut ; faut l'imiter.

Ce qu'on fait pour devenir riche.

Air nouveau.

C'est risible de voir le monde
L'un et l'autre se bousculer,

Sur la pauvre machine ronde
Où Dieu s'est plu de nous placer.
Tout ça, pour un peu de richesse,
Qu'hélas ! nous n'emporterons pas,
Les uns vont jusqu'à la bassesse
De se souhaiter le trépas !

Refrain.

Et moi pour chasser la misère   ⎫
Voici ce que je fais sur la terre ⎬ *bis.*
Je suis tisserand, chiffonnier,   ⎪
Crieur de vente et chansonnier. ⎭

L'un dit faire la découverte
Qu'il va pouvoir faire marcher
Un cul-de-jatte sans charrette,
Béquilles ou chaise à porter.
Avant de donner son système
Il lui faut trouver des millions
Sur papier pose son problème
Pour le résoudre par actions.

Et moi, etc.

D'autres annoncent la fortune
A qui la veut et qui l'a pas,
Mais comme elle est jusque dans la lune
Faut y aller c'est le grand cas.
Car comment faire un tel voyage
Lorsqu'on a pas de picaillons,
Par une affiche on vous engage
D'en apporter pour des actions

Et moi, etc.

Sans or comment passer sa vie,
Disent d'autres spéculateurs,
Fondons vite une loterie

Pour tant d'hommes tarir les pleurs.
Nous allons pour vingt-cinq centimes,
Vous envoyer cent mille francs
Nous souffrons de vous voir victimes
De la misère, braves gens.

      Et moi, etc.

A tant de charlatannerie
On se laisse tous attraper
Charlatan, soi-même, en la vie
Quand on est dupe on court duper.
Un voleur qui en vole un autre
Ami, le diable en rit, dit-on,
Moi pour faire le bon apôtre
Je viens vous vendre la chanson.

Quoique déjà sur cette terre
Je sois pour chasser la misère
Je sois tisserand, chiffonnier,
Crieur de vente et chansonnier.
   } *bis.*

Viens, mon Hirondelle gentille.

Air : *Du Troubadour espagnol.*

Ah ! j'entends mugir la cascade,
Pour l'écolier plus de glissade,
La neige fond sur les coteaux,
Murmurant coulent les ruisseaux.
La terre déjà pour parure
Revêt sa robe de verdure.
Et j'entends l'oiseau gazouiller
Sur la branche de l'églantier.
Viens mon hirondelle gentille,
A ma fenêtre voltiger,
Du printemps vois le soleil brille
Sur nous Dieu fera plus neiger.
} bis.

Comme toi, gentille hirondelle,
Il faudrait quand il neige et gèle,
Que tous les pauvres malheureux
Quittassent leur âtre frileux,
Sans pain, sans bois, sur sa couchette,
Le pauvre, hirondelle, te guette ;
Viens, dis-lui que les jours sont beaux,
Qu'il aura chaud sous ses lambeaux.
Oh ! dis lui la saison est belle,
Sur toi Dieu fera plus neiger
Puisque je viens, pauvre hirondelle,
A ta fenêtre voltiger.
} bis.

Je ne sais murmurer la plainte,
Mais ma compassion n'est pas feinte,
Comme qui plaint les malheureux,
Sans jamais rien faire pour eux.
Je sais, quand la saison est belle,
Venir apporter la nouvelle,
A qui mourant de froid, de faim.
Que du froid, il ne craigne rien

Je viens, lui dis-je, à ta croisée,
Pauvre hirondelle, voltiger,
Chanter au nid de ma couvée
Que Dieu ne fera plus neiger

bis.

Le Mariage à Louison.

Air : *Le plus beau du village* (de J.-E. Aubry).

Si vous voyez mon père,
Le mariage à Louison (*bis*),
Quoi qu'elle n'est fermière
Louison possède un don.

Refrain.

(Criez) Oh !
    Oui, vraiment (*bis*)
    En mariage
    Son jeune âge
    Oui vraiment (*bis*)
Est un apport charmant.
Me direz-vous, l'or vaut mieux,
    Dans le ménage
    Pour son usage,
Me direz-vous l'or vaut mieux
Que les deux plus jolis yeux.

bis.

Elle a la peau blanche et fine,
Oh! si vous la voyez (*bis*)
Son regard assassine,
Tout dit en elle : aimez.
     Oh !
Oui vraiment, etc.

Elle a un si beau rire,
Et le pied si bien fait, (*bis*)
Elle a, je vais le dire,
Trésor d'amour complet.

Oh !
Oui vraiment, etc.

Peut-être qu'à votre âge,
Mon père, comme vous (bis)
Je tiendrai ce langage
N'ayant plus même goût.
Refrain.
Mais !
J'ai vingt ans, (bis).
A mon âge,
Ce langage
J'ai vingt ans, (bis).
Ce langage est du temps.
Père quand je serai vieux,
Dans mon ménage,
Pour mon usage   } bis.
Père, quand je serai vieux,
L'or sera avant les yeux.

Tout s'oublie sous l'oreiller.

Air nouveau.

Beaucoup du mariage
Veulent faire un enfer,
Disant : femme en ménage
Ressemble à Lucifer.
Quoi d'une union si sainte
Peut-on si mal parler.
Si les tracas amènent la plainte,   } bis.
Elle s'oublie sur l'oreiller.

Je sais que la dispute
Entr'époux vient souvent
Qu'au milieu de la lutte
Pas un d'eux n'est content.

D'être unis, tout colère,
Vont jusqu'à désirer,

Que l'un d'eux soit à cent pieds sous terre, } *bis.*
Mais tout s'oublie sur l'oreiller.

La sombre jalousie
Du bonheur des époux
Se fit tant l'ennemie
Qu'elle l'enlève à tous.
Mais pour lui faire nargue,
Je vais vous conseiller,

De prendre ce qu'elle dit pour blague } *bis.*
En vous couchant sur votre oreiller.

Vous qui du mariage
Vous plaignez en tout temps
Pourquoi dans le ménage
Voyez-vous que tourments ?
C'est que tous deux ensemble
En vîntes d'oublier,

Rien que d'y penser, ami , j'en tremble } *bis.*
Que tout s'oublie sur l'oreiller.

Puisque je n'veux pas me marier.

Air : *Finissez mam'selle Françoise.*

Vous voulez que je vous aime,
Et je n'veux pas me marier,
C'est bien ennuyeux tout d'même
De me forcer d'vous aimer.
J'vois ben qu'vous êtes gentille
Mais je m'souviens qu'grand maman

M'a toujours dit qu'une fille
Etait à fuir comme Satan.
         Et pourquoi
         Sur ma foi
Je n'en sais pas davantage
Finissez vot'badinage
Hélène ou ben j'vas m'fâcher.

         D'mapprocher,
         D'me toucher,   } bis.
Pourquoi toujours le chercher.

Vous n'savez quell'mine m'faire
Lorsque vous me rencontrez,
Vos yeux font tout pour me plaire
Par tous bouts vous m'taquinez.
C'qui fait que j'vous vois en rêve
Venir en fantôme à moi,
Effrayé, vite j'me lève,
Pourquoi m'causer tant d'effroi.
         Laissez-moi
         Par ma foi
Si ça continue, Hélène,
J'en mourrai, chose certaine.
Quoi je vous vois jour et nuit,

         Sans répit.
         Même au lit,   } bis.
M'poursuivre comme un esprit.

Vraiment je commence à croire
Que grand'mère avait raison
D'vous peindre en bête noire
Qui veut manger un garçon
Eh quoi sans aucun relâche
Vous me poursuivez, hélas !
Pourquoi m'avoir tant à tâche

Puisque j'dis qu'je n'le veux pas.
        Allons donc,
        Laissez donc,
Où j'vas m'plaindre à votr'mère
Qu'vous n'savez quelle niche m'faire,
C'est y avoir du guignon.
        Quelle raison,
        Dites-moi donc,
Fait aimer d'force un garçon.

L'Orage, le Chrétien et l'Athée.

Air : *De Béranger à l'Académie.*

LE CHRÉTIEN.

Dieu, quel éclair, quelle vent, quelle tempête,
Partout le ciel est sillonné de feu.
La foudre éclate... ah ! tout courbe la tête !
Chrétiens prions, oui prions, prions Dieu !
Demandons-lui d'apaiser sa colère,
Le cœur transi, l'âme pleine d'effroi,
Oh ! j'entrevois de tout l'heure dernière.
Mon Dieu, mon Dieu, sauvez-moi, sauvez-moi ! (*bis*).

Quoi cet Athée au milieu de l'orage
Reste debout, sans effroi, sans terreur !
Et c'est pour lui, oui, c'est pour son outrage
Que Dieu grondant cherche à toucher son cœur.
Mais de Satan aimant mieux la cohorte,
La rebellion à lui, voilà sa foi,
Du ciel, l'impie, il se ferme la porte,
Mon Dieu, mon Dieu, sauvez-moi, sauvez-moi ! (*bis*).

L'ATHÉE.

Si au milieu de cet affreux orage,
Si sans terreur, ami, je suis debout,
C'est que ce Dieu que tu dis que j'outrage,
Moi, vois-tu bien, ne le crains pas du tout.
Le voir serait, oui, mon bonheur suprême,
Son jugement me cause aucun effroi,
Car plus que toi mon cœur le sert et l'aime,
Et je lui dis, mon Dieu, venez à moi. (*bis*).

Car toi, tu ris du malheur sur la terre,
Et méprisant, sans cesse, ton prochain,
Pour un peu d'or tu renies ta mère,
Et moi, Athée, à tous je tends la main.
Infirme, aveugle, oh ! j'aime mon vieux père,
Je suis heureux lorsqu'il est près de moi,
Aussi de Dieu j'aime à voir la colère
Qui en ton cœur sait y mettre l'effroi. (*bis*).

Dieu tout-puissant fais éclater ta foudre,
Par ton tonnerre inspire la terreur !
Au faux chrétien qui ne veut rien absoudre
De la faiblesse, hélas ! de notre cœur.
A lui qui dit que jamais en prière
Je ne me mets, Dieu puissant devant toi,
Ah ! j'en fais une, aujourd'hui sur la terre,
Dieu sauvez-le, sauvez-le, et non moi ! (*bis*).

Les Insignes d'Honneur.

Air : *Voilà pourquoi je ne veux plus aimer.*

Je vois chacun, courir et se débattre
Pour obtenir ; quoi ! un coup de chapeau.

Est-on soldat? On fait le diable à quatre
Pour soi-disant défendre le drapeau.
De son pays l'honneur que l'on menace
Il n'en est rien ; ce qu'on veut le voilà :
C'est que son nom dans l'histoire ait sa place,
Et qu'on dise : ah ! c'est lui qui nous sauva ! *(bis)*.

D'autres plaisants font de la politique,
Braillant partout leur profession de foi.
Tendant à tous la main d'un air comique,
En leur disant : député, nommez-moi.
Ah ! vous aurez en moi un mandataire,
Qui ne veut rien, rien que votre bonheur.
Bah ! ce qu'il veut, amis, veuillez me croire
Oui, ce qu'il veut, c'est l'insigne d'honneur. *(bis)*.

J'en vois aussi, c'est de la pire espèce,
Qui s'affublant de soutane et rabas,
S'en vont disant : Jésus-Christ je confesse
Quand ces hommes, même à lui ne croient pas.
Car ce qu'ils croient, moi je vais vous le dire,
C'est aux honneurs qu'ils ont dans cet état.
Ah ! de pitié ! ces hommes me font rire,
Surtout lorsque j'en rencontre un prélat. *(bis)*.

Que vois-je encore, ah oui ! c'est l'opulence,
Qui dans un char vient sur la scène aussi,
Cet homme à fait, quoi ! c'est une dépense,
Pour s'appeler le comte de Bouffi.
Son seul chagrin, c'est que sur sa poitrine
Aucunes croix ne sont là pour briller.
Patience un jour dînant on le devine,
Qu'il est heureux !!! On va le décorer. *(bis)*.

Mais l'homme vrai, ami, sur cette terre
Qu'on doit en tout et partout respecter,
C'est celui qui reste sans se refaire

Tel que son Dieu s'est plu de le créer,
Homme fier et modeste tout ensemble,
Courbant son front que pour son créateur,
Qui de bassesse est toujours incapable,
Voilà, voilà l'homme digne d'honneur ! (*bis*).

Les Noces au cousin Jacquot.

Air : *Un jour de carnaval.*

Vraiment, c'est après demain
Qu'on marie mon cousin.
Dieu, je vais-t-il fricotter,
        Et puis sauter,
Car je suis pour la bombance,
Ami, on ne peut plus fort,
Puis quand il s'agit de danse
C'est aussi mon fort.

        Quelles bosses,
        Car aux noces
De mon cher cousin Jacquot   } *bis.*
        On y mange,
        Ça m'arrange
Sans payer d'écot.

Jacquot est des vignerons
    Sa récolte nous boirons,
    Mangeant canards aux navets,
        Bœufs et poulets
    Chanterons en récompense
    Des couplets qu'on fait exprès,
    Qui leur peindront l'espérance
        De pleurer jamais.
    Quelles, etc.

Au marié l'on dira
Que sa femme l'aimera,
Que fidèle lui sera
        Tant qu'il vivra,
Et chose plus incroyable
Que jamais dans sa maison,
Lui dira-t-on, à la table,
        Fera carillon.

    Quelles, etc.

Enfin l'on fera tant et tant
Pour fêter notre parent
Du mariage le beau jour,
    Si plein d'amour,
Que Jacquot pendant sa vie
Se souviendra je promets
De toute notre folie
Prise à ses buffets.

        En ménage
        Je le gage
Malgré tout notre souhait   } *bis.*
        Ma cousine
        Je devine
Fera ce qu'on fait.

La Femme du Vieillard.

Air : *Conseil d'une grand'mère à sa petite fille*
        (de Béranger).

Filles de vingt ans c'est là l'âge
Oui l'on rêve quelle illusion ?
De n'épouser en mariage
Jamais qu'un jeune et beau garçon.

Refrain.

Mais la destinée
Qui se rit de nous
Fait qu'à l'hymenée
On a vieil époux.

} bis.

Ma fille, il a de la richesse,
Nous disent tous nos bons parents,
Laisse-là la folle jeunesse,
Prends-moi l'homme de soixante ans.

Ma fille en ta poche,
A défaut d'amour,
Mettra sa filoche
La nuit et le jour.

} bis.

Avec l'or tu auras toilette
Et le confortable au buffet,
Pour reposer belles couchettes
Et ton bonheur sera parfait.

Mais ce qui dérange
C'est que nuit et jour,
On dort pas et mange
Faut un peu d'amour.

} bis.

Hélas au lit le vieux sans cesse
Ne fait que se plaindre et gémir
La jalousie est sa maîtresse
Près de lui on ne peut dormir.

Ça fait qu'on regrette,
Malgré la vertu,
Sa jambe bien faite
Et son bras dodu.

} bis.

Saint Evangile on ne te connaît pas.

Air : *De l'Ange et l'Enfant* (même Auteur).

On ne verrait plus tant verser de larmes
Si l'Evangile était connu par nous,
La vie aurait sur terre tous les charmes
Que l'on désire et que nous fuyons tous.
Il est la loi, enfants, qui nous ordonne
De nous aimer l'un et l'autre ici-bas,

Aux ennemis il veut que l'on pardonne,
On le dit bien mais on ne le fait pas (*bis.*) } *bis.*

S'il dit qu'il faut que nous fuyons le monde,
Pour se sauver, c'est de la vanité,
Qu'il veut parler de cet orgueil immonde
Qui ôte à tous notre fraternité,
Il veut, enfants, qu'on s'aime tous en frère,
Grands et petits, ne nous y trompons pas,

Respects aux grands, mépris pour la misère
Est ce qu'on fait, chrétiens, tous ici-bas (*bis.*) } *bis.*

Connaissons-nous? Hélas! sur cette terre,
Connaissons-nous, mortels, ceux qui sont grands?
Quand Jésus-Christ dit, que dans la misère,
Il y en a plus que chez les puissants.
Pendant que nous plus savants que lui-même
Ne les voyons que chez le riche hélas!

Chrétiens, pourtant on se dit tout de même
Saint Evangile, on ne te connaît pas (*bis.*) } *bis.*

Te connaissant, œuvre d'un Dieu suprème,
On s'aimerait tous par la charité,
Le pauvre hélas! se fait honte à lui-même,

Parce qu'il est de tous côtés chassé,
Il reprendrait, te connaissant, sa place,
Comme chrétien on lui tendrait les bras,

Même devant les autels on l'écrase ⎫ bis.
Saint Evangile, on ne te connaît pas (bis.) ⎭

Saint Evangile, il est dit dans ton livre,
« Je veux pas que périssent mes petits, »
Et chaque jour à la mort on les livre,
Les méprisant pour ôter leurs crédits.
Chrétiens, à l'or toujours on sacrifie,
Et non à Dieu, voire même les prélats,

Mondainement on passe tous la vie ⎫ bis.
Saint Evangile, on ne te connaît pas (bis.) ⎭

On se croit quitte envers un Dieu suprême
De le prier de bouche et non de cœur,
D'avoir reçu au saint jour du baptême
Le nom d'enfant de ce divin sauveur.
Oubliant tout que ce Dieu dit lui-même,
Que les hommes ne se sauveront pas,

Tout en disant : Seigneur! Seigneur! Je t'aime!⎫ bis.
Saint Evangile on ne te connaît pas (bis.) ⎭

Si Dieu revenait parmi nous.

Air : *Dieu veut qu'on soit ouvrier* (même Auteur).

On fête une sainte mémoire,
C'est la mort de notre Sauveur,
Et qui ne connaît cette histoire?
Homme, enfant, tout la sait par cœur.
Tout sait que cette mort sanglante
Dont Dieu mourut fût pour nous tous.

On tuerait sa vie édifiante ⎫
Si Dieu revenait parmi nous ! ⎭ *bis.*

Aux Judas de nouvelle espèce
Jésus-Christ serait odieux
A ceux qui aiment la richesse
Il ferait, pauvre, mal aux yeux
Dirait à la femme adultère,
Pèche plus ! tu as ton époux.

On fuirait tous ce tendre frère, ⎫
Si Dieu revenait parmi nous ! ⎭ *bis.*

L'ambitieux troublant le monde,
Rien que parce qu'il n'est pas roi,
Sur la pauvre machine ronde
Ne le verrait qu'avec effroi,
Il dirait, quoi ! un Dieu sur terre
Reste ouvrier... je trouble tout.

Ce n'est pas un Dieu ! ! ! j'y peux croire.. ⎫
Si Dieu revenait parmi nous ! ⎭ *bis.*

A qui aime la calomnie
Jésus-Christ dirait : taisez-vous.
Médire est découvrir la vie,
Calomnier est le pis de tout,
Méchant, tu offenses mon père
Qui est le tien... crains son courroux.

Oui on le renierait pour frère ⎫
Si Dieu revenait parmi nous ! ⎭ *bis.*

Puis il dirait à l'hypocrite
Qui fait semblant de l'adorer :
Va-t-en, sauve-toi, vil jésuite.
Homme pervers pour mieux tromper.
Mon temple te sert de boutique,
Impie, où, pour l'or tu absous

Tous péchés, hommé diabolique,   } *bis.*
Si Dieu revenait parmi nous !

Les Coucous.

Air :

Quand le printemps arrive
C'est en vain que j'esquive
D'entendre les coucous,
L'on entend qu'eux partout.

Partout, partout, partout,   } *bis.*
L'on entend que coucous.

Passant dans la prairie
Parmi l'herbe fleurie
Que vois-je tout-à-coup
C'est la fleur du coucou.

Coucous, coucous, partout   } *bis.*
Je ne vois que coucous.

Si je reste à la ville
Le coucou y fourmille,
A tous pas pour un sou
L'on m'offre du coucou.

Coucous, coucous partout   } *bis.*
Je ne vois que coucous.

Vrai ou par badinage
On dit qu'homme en ménage
Hélas est fait coucou,
Je dis pas à tout coup,

Car nous sommes pas tous,   } *bis.*
Pas tous, pas tous, coucous.

Le Castabistacouette.

Air : *Un jour le bon Dieu s'éveillant* (de Béranger).

L'autre jour, au coin de mon feu,
Je me souvins d'un petit jeu
Celui du castabistacouette,
Petit jeu mignon quoique bête.
Ce jeu m'a fourni un sujet
Pour le rimailler en complet.

Car ici-bas le castabistacouette
Nous fait-il pas à tous tourner la tête.   } *bis.*
    Nous fait-il pas tourner la tête,

Dès qu'un époux jeune ou grison
A pour femme jeune tendron,
De suite il se met dans la tête
Qu'elle fait castabistacouette,
Et l'on voit ces pauvres époux
Tous de jalousie être fous.

Car ici-bas, etc.

Si l'on voit filles et garçons
Aimer la danse et les chansons,
Prendre tant soin de leur toilette,
Aller aux fraises, aux violettes,
Chercher ombrage et doux gazon,
Ce jeu en est seul la raison.

Car ici-bas, etc.

De bien l'aimer il est permis
Sachez-le bien, ô mes amis,
Mais pourvu que dans cette vie
On en reste à cette folie,

Qui pour lui tache son honneur,
C'est qu'il n'a ni âme ni cœur !

Aimons jouer du castabistacouette,
A y jouer perdons-y tous la tête, } bis.
Mais à ce jeu restons honnête.

La belle Madeleine.

Air : *Pauvre grisette au bonnet populaire.*

Connaissez-vous la belle Madeleine,
La belle fille au père Lamoureux,
Comme elle est bien sous son bonnet de laine,
Qu'elle vous a donc un air gracieux.

   Et sans parure,
   Je vous le jure.
Non rien n'égale encore sa beauté, } bis.
   Près de ses charmes,
   Les grandes dames,
Ne sont plus rien, non plus rien à côté.

Chaque dimanche en allant à la messe,
Quoique chaussée avec de gros sabots,
De saluer, oui tout chacun s'empresse
En la voyant tous lèvent les chapeaux.

   Puis pour la suivre,
   Chacun lui livre
Tout le passage et c'est un fait certain } bis.
   Toutes les dames
   Versant des larmes
Livrent aussi saluant le chemin.

Que vous dirais-je, enfin, de Madeleine,
Que sa vertu surpasse sa beauté,

Qu'à la séduire on est pour sa peine,
Rien l'éblouit dans sa simplicité.
Robes soyeuses,
Pierres précieuses,
Rien de tout ça, rien n'éblouit son cœur. } *bis.*
Pour sa parure,
Robe de bure,
Seule suffit pour faire son bonheur.

Je connais trois Anges.

Air : *Un Ange* (de Théodore Leclerc, de Paris)

Dédiée aux trois dames comtesses d'Andigné de Resteau.

Ah ! si le diable dans sa rage,
D'avoir été vaincu aux cieux,
S'est dit : Dieu créa l'homme sage
Faisons des riches et des gueux.

Toute sa sagesse en folie
Bientôt chez lui se changera, } *bis.*
Par l'or, je guiderai sa vie
Et le monde m'appartiendra.

Mais Dieu dans sa bonté suprême,
De Satan voyant le projet,
A dit : quoi, cet homme que j'aime,
Quoi, Satan me l'enlèverait !

Non à l'instant même des anges,
Des anges vont quitter les cieux, } *bis.*
Pour aller chercher dans les fanges
Les dépouillés ! ! les malheureux ! !

Et leur mission sur la terre
S'appellera la charité,

J'en connais trois, filles et mère,
Tous trois cherchant la pauvreté.

Leur courage est infatigable,
Yvone et Blanche, soir, matin.
Déjouant le projet du diable,
Portent la vie à qui a 'aim.

} *bis.*

Des orphelins ce sont les mères,
Des veuves les consolateurs,
Visitant toutes les chaumières,
Où l'on souffre et verse des pleurs.

Hélas, si au ciel leur patrie
Dieu les rappelait près de lui,
Les pauvres y perdraient la vie,
Car, tout leur bien-être aurait fui.

} *bis.*

Ce qu'il faut faire quand on est marié

(Couplets de noces)

Air : *De l'histoire du mendiant.*

Si ce jour prend un air de fête,
Madame, c'est pour célébrer
L'union que vous avez faite,
Madame, veuillez-y penser ;
Car ce jour est de votre vie
Le plus beau ; mais dites adieu
Aux danses, à la folie,
Votre place est au coin du feu.

Refrain.

Quand on entre en ménage,
Adieu fête et plaisir,
Adieu aussi au badinage
Pour ne penser qu'en l'avenir.

} *bis.*

Mais si de son côté, la femme
A tous plaisirs doit dire adieu,
Aussi l'époux du sien, madame,
Doit renoncer au rire, au jeu.
Travaillant et veillant sans cesse,
La vie est toute en son labeur,
S'aimant bien, jamais de tristesse,
Voilà ce qui fait le bonheur.

      Quand on, etc.

Du jour, du jour qu'on se marie,
L'amour doit naître seulement,
Et doit tout pendant la vie
Aller, aller toujours croissant.
Quand d'un enfant la naissance
Vient resserrer les nœuds du lien,
C'est combler notre espérance
Des époux voilà le destin.

      Qui n'aime la famille
      Doit pas se marier,
      Car un enfant, garçon ou fille. } *bis.*
      Marié doit nous arriver.

Une idée philanthropique d'un nouveau maire de village.

Air : *Ah quel nez !* (ou *les gars de Falaise*).

      Puisqu'à vous administrais
      L'empereur vient de m'appelais
      A vous rendre tous heureux
      J'vas m'y prendre de mon mieux.

      J'vous ordonne d'écoutais } *bis.*
      Ce que je viens d'arrêtais.

(Parlé). Nous, Jean Colas Bóné, maire de c'te commune, après délibération prinse avec nos conseillais m'nucipaux, avons arrêtais c'qui suit :

> Maintenant pour se mariais
> Faudra des rentes montrais,
> Et ceux qui sont indigents
> I'devront pas avoir d'enfants.

> J'vous ordonne, etc.

(Parlé). Quand j'dis j'ordonne c'est une manière de párlais administrativement, c'est conseillais que j'voulons dire.

> Faudra toujours travaillais
> Au cabaret n'pas allais,
> Et ne pus boir' que de l'eau
> Point mettre de viand' dans l'pot.

> J'vous ordonne, etc.

Parlé : Surtout écoutez ben not' dernier article au sujet de l'observation du dimanche.

> A la messe il faut allais
> Car on doit toujours priais
> Priant ben nos blés pouss'rons
> Et riches nous deviendrons.

> J'vous ordonne, etc.

Parlé : J'crais ben que tout c'que j'viens de dire là est pus dans vot'intérêt que dans l'mien et que vous f'rez tous vot'possible pour ne point y contrav'nir, du reste.

> Si mes conseils vous suivais
> Ben vous vous en trouverais,
> Car on aurait pas d'mendiants
> Ni d'bureaux pour indigents,

Veuillez donc vous conformais
A ce que j'viens d'ordonnais ⎰ bis.

Les Agréments d'être marié.

Air : *Des Missions* (de Béranger).

Je m'ennuie d'être garçon
Je veux prendre une femme,
Au moins j'aurai dans la maison
De quoi m'égayer l'âme.
Quand j'irais au cabaret
Carillon elle ferait.

Refrain.

Je ne vois rien de drôle
Comme d'être un mari
D'en goûter je raffole,
Oui j'en veux être aussi. ⎱ bis.

L'autre jour la femme à Lucas
Fit pour une escapade
Un carillon, un branle-bas
A la rendre malade.
Il avait mangé dix sous:
Il était un mange tout.

Je ne vois, etc.

Dimanche, Jacques Pierrotin
En sortant de la messe,
Entra chez le marchand de vin
Avec le père Blaise;
Leurs femmes un bâton en main
Vinrent les chercher soudain.

Je ne vois, etc.

S'il vous arrive de causer
Avec une autre femme,
Croyant qu'on veut le caresser
En jettant feu et flamme,
La vôtre le jour, la nuit,
Vous en tourmente l'esprit.

    Je ne vois, etc.

Surtout quand on a des poupons
Vous faut chauffer la couche,
S'ils ne sont que des nourrissons
N'en ouvrez pas la bouche,
Car toujours vous avez tort,
Jamais madame ne sort.

    Je ne vois, etc.

Je vois tant de joie au logis
Quand on a une femme
Que d'en avoir je vous le dis
Ça me tourmente l'âme
Grand Dieu faites-moi trouver
Femme pour me marier.

    Je ne vois, etc.

A quoi tient l'honneur des Filles ou les malheurs de Jeannette.

Air : *De la Jardinière et son arrosoir:*

Jeannnette est une fille sage
Mais qui a ses petits péchés
Elle a vingt ans, qui à son âge
Ne vous en a pas de cachés.

Mais voilà que la pauvre fille
Un jour à confesse s'en va
Le curé la voyant gentille
Par malheur vous les devina. } bis.

Lui fit demande sur demande,
Jeannette à toutes répond : non,
Avouez, dit-il, je le commande
Ou bien pas d'absolution.

Mais jamais la pauvre Jeannette
Trouva le courage d'avouer,
Aussi quand de Pâques la fête
Vint-elle, ne put communier. } bis.

Et voilà que dans le village
Tous chacun au doigt la montrant,
On vous l'insulte, on vous l'outrage,
Comme si son crime était grand.

Ça pour un baiser qu'à Jeannette,
Prit un beau jour, Va-de-bon-Cœur,
Au lieu que sainte serait faite,
Si c'eut été son confesseur. } bis.

La Malédiction de l'ouvrier.

Air : *Le trou de ma clé.*

Dès mon berceau j'ai connu la misère,
Mon Dieu, mon Dieu, que vous ai-je donc fait?
Pour qu'en naissant vous me prîtes ma mère
Et me livrer comme un être imparfait.
Au monde, hélas! qui rit de voir mes larmes
Et chaque jour me lance son mépris.

Oh! pour la haine il me fournit des armes
Monde inhumain, crois-moi, je te maudis. (ter.) } bis.

Quand j'ai bien faim, que ma voix faible et tendre
Au riche, hélas! demande un peu de pain,
Tu sais, mon Dieu, qu'il ne veut pas m'entendre
Ou s'il le fait ce n'est qu'avec dédain.
Sa charité dans mon âme innocente
A chaque instant enfante les soucis,

Mon Dieu, pardonne à ma muse méchante } *bis.*
Qui dit au riche, homme, je te maudis. (*ter.*)

Sans feu, ni lieu, j'ai cru que dans l'armée
Qu'avec l'honneur on se faisait un nom,
Mais la fortune avec la renommée
Ne naissent plus au milieu du canon.
Sous les drapeaux souvent le vrai courage
D'une victoire attend en vain le prix.

Pauvre on a rien c'est aujourd'hui l'usage } *bis.*
Riche inhumain, pour ça je te maudis. (*ter.*)

Plus tard, enfin, quand je vins à ta porte
Pauvre ouvrier, pour t'offrir mes deux bras,
Sors, m'as-tu dit, car les gens de ta sorte
Dans ma maison, non ne travaillent pas.
Quoi me chasser quand je veux de l'ouvrage
Pour me vêtir et m'avoir un logis,

Sous mes haillons je suis plein de courage, } *bis.*
Riche inhumain, pour ça je te maudis. (*ter.*)

Le Veau d'or.

Air : *Des cent louis d'or.*

Je suis le vrai Dieu de la terre
Autant que Dieu je suis puissant,
Quoique d'une vile matière

A lui je suis tout ressemblant.
De trinité je me compose
Je suis trois, tous trois différents
Quoiqu'ils font tous trois même chose,
Car on nomme les trois argents.

Refrain

Chacun a la même puissance
Soit qu'il soit, argent, cuivre ou or,
Ils sont tous trois de même engence
Mon tout s'appelle le veau d'or.

Qui j'habite fait des miracles
Ouvrant les portes des prisons,
Brisant devant lui les obstacles
Qui entravent ses passions.
Peut à son gré donner la vie,
Donner la vie ou bien la mort
Armé du glaive calomnie!
Entre ses mains tient chaque sort.

Refrain.

Aussi chaque humain ma puissance
Aujourd'hui reconnaît encor
En honorant tous l'opulence
Comme envoyée du veau d'or.

Malgré ces athées terribles,
Qu'on nommait Moïse et Jésus
Ma déité reste admissible
Eclipsant toutes leurs vertus.
Leur nom n'est plus que dans l'histoire
Restant là, gravé à jamais,
Comme une effrayante mémoire.
Devant mes autels du progrès.

Refrain.

Que me fait leur nom, leur morale,

L'homme à peine les lit encor
Leur culte est à son dernier râle
Devant le culte du veau d'or.

Femme n'est qu'un appartement.

Air : *Ça d'vait les gêner su' l'moment.*

Je me plais auprès d'une femme
J'aime à regarder ses beaux yeux,
Quand je puis lire dans son âme,
Ami, je comble tous mes vœux.
Toujours aimer c'est ma devise,
Tantôt Laure, tantôt Louise,
Femme n'est qu'un appartement } *bis.*
Dont le locataire est l'amant.

Puisque l'amour se vend au mètre
Il n'y a plus besoin d'aimer
La femme ne veut plus de maître
Ne cherchons plus à la charmer,
Ce qu'il faut ce sont des espèces,
Un peu d'or les font vos maîtresses
Amour, laisse tous tes serments, } *bis.*
Femmes sont plus qu'appartements.

Soit une brune ou une blonde
Que je trouve sur mon chemin,
Soit grisette ou femme du monde
Avec un peu d'or dans ma main,
Doucement je m'approche d'elle
En lui disant : viens, ô ma belle,
Viens avec moi, prends cet argent } *bis.*
Je te prends pour appartement.

De suite, ami, je vois la dame
Me sourire en baissant les yeux,
Puis me suivant, elle prend flamme,
Pour moi son cœur est amoureux.
Car pour l'or toujours leur cœur brûle,
Et chaque jour m'appelant Jules
En m'embrassant bien tendrement⎱ *bis.*
Dit qu'elle n'a que moi d'amant. ⎰

Aussi, je cours, je fais bombance,
L'orgie est tout mon seul bonheur
D'aimer je n'ai plus d'espérance,
Des beautés j'achète le cœur.
A toutes donnant mes caresses
Chaque jour je fais vingt déesses,
Je ne fais plus de sentiment ⎱ *bis.*
Quand je change d'appartement. ⎰

A Trente ans tout est perdu.

Air : *Des adieux d'Eugénie à son amant le marin.*

J'avais rêvé pour ma vie
Un doux et tendre avenir
Aux femmes faisant envie
Ne sachant à qui m'unir.

De vingt ans, ô mon doux rêve,
Dis-moi qu'es-tu devenu? ⎫
J'ai trente ans, ô je me lève, ⎬ *bis.*
Pour moi mon rêve est perdu, ⎭

Sur ta couche, jeune fille,
O dis-moi, que rêves-tu?

A quinze ans tu es gentille
Tout pour toi n'est que vertu.

Crains l'amant à la voix douce,
Qui vient vanter ta beauté,
A l'amour sa voix te pousse
Trente ans, c'est la vérité.

} *bis.*

Tu rêves, ô jeune femme,
Tu rêves maternité,
Et ton amour, tout de flamme,
Te cache la vérité.

Rêve bien, rêve et sommeille,
Trente ans vient et c'est le jour,
Car, à trente ans tous s'éveille,
Et c'est l'âge où fuit l'amour.

} *bis.*

Encore enfant dans ta classe
En étudiant les arts,
Oh tu rêves le Parnasse,
Ou la gloire des Césars.

Vingt ans vient l'amour t'invite,
A jouir de tous ses dons,
Hélas! vingt ans passe vite,
Trente ans n'est plus de saisons.

} *bis.*

Dieu et Napoléon III.

Air : *Rien ne vaut le pays* (de Alexis Dalès).

Quand Dieu créa la terre où maintenant nous som-
[mes]
Et qu'il tira aussi du néant les cieux
Tu produiras, dit-il, ce qu'il faut pour les hommes
Car, je veux ici-bas qu'ils soient tous heureux.

Mais Satan aux mortels, Satan dans sa colère, ⎫
Souffla l'ambition ce qui fit la misère. ⎬ bis.
Dieu les créant voulait qu'ils fussent tous unis, ⎪
Mais Satan fit si bien qu'ils sont tous ennemis. ⎭

Et la terre soumise à la voix de son maître
Produit pour les humains le pain de chaque jour,
L'homme seul ne veut pas lui seul le reconnaître
Quand tout ce qui respire admire son amour.

Ecoutez les oiseaux dans leur charmant langage, ⎫
Le tigre et le lion avec leur cri sauvage, ⎬ bis.
Chanter, soir et matin, regardant les cieux, ⎪
La gloire de celui qui créa tout pour eux. ⎭

L'homme le rejetant, le rejetant pour père
En se gonflant d'orgueil et plein d'ambition,
S'entre tue en courant après une chimère,
Me faut de l'or, dit-il, à quoi sert la raison?

Si Dieu nous mit sur terre, ami, c'est pour y ⎫
[vivre] ⎪
En frères, en amis, c'est écrit dans son livre, ⎬ bis.
Et Dieu ne défend pas empire et royauté, ⎪
Car ils n'enlèvent pas notre fraternité. ⎭

En vain vous abattez couronne et diadème
Car sans être chrétiens pouvons-nous vivre heureux?
« Qui se sert de l'épée en périra lui-même »,
Ainsi l'a dit Jésus, notre maître en tous lieux.

« La paix soit avec vous, dit-il, à ses apôtres, ⎫
« Et devra vivre ainsi qui veut être des nôtres, ⎪
« Mon Père ne créa ici-bas qu'un humain ⎬ bis.
« Dont vous descendez tous, donnez-vous donc ⎪
[la main]! » ⎭

Salut Napoléon, toi l'empereur sublime,
L'empereur du progrès, l'empereur de la paix,

Oh! règne avec courage en ton christianisme
Et Dieu te bénira dans tes sublimes faits.

Car, si Dieu nous créant, a dit ; vivez en frère,
Ce n'est pas pour nous tuer en nous faisant la
[guerre.] bis.
Et toi, Napoléon, sous ton gouvernement
Tu le voudrais ainsi. Mortel, que tu es grand !

Dieu veut qu'on soit ouvrier.

Air : *Pourquoi partir* (de J.-E. Aubry).

Rien n'est si beau que la campagne
Il n'est pas de plus beaux palais.
Qu'un champ de blé, qu'un champ de vigne,
Et de maïs ou de navels.
Sous vos lambris sans la culture,
Riches, vous mourriez tous de faim !

Restons à la simple nature
Dieu le veut; c'est notre destin } *bis.*

Voyez ce beau champ de luzerne
Il nourrit ma vache et mes bœufs,
Et ma poule en mangeant la graine
Pour votre table pond des œufs.
Sous vos lambris sans la culture,
Riches, vous mourriez tous de faim !

A quoi sert clinquants et dorure ?
Tout ne vaut pas un peu de pain ! } *bis.*

Ce champ de pois et de lentilles
Voyez, voyez, comme c'est beau !
Et ces prés ou l'agneau sautille

Près de la vache et du taureau.
En attendant la boucherie
Pour rassassier votre faim,

Ah s'il font toute votre vie ! } bis.
A l'ouvrier laissez le pain !

La terre de Dieu est l'ouvrage,
Et du diable est venu l'argent.
A Dieu ne faisons pas outrage,
Qui veut l'or, n'est plus son enfant.
Quand Jésus-Christ vint sur la terre
Sachez qu'il resta ouvrier,

Honneur à la classe ouvrière } bis.
Ah ! restons donc à cultiver !

Le Sermon de mon curé.

Air : *Cadet-Rousselle.*

Mon curé nous fait sans cesse un sermon *(bis.)*
Où il nous dit que le vin n'est pas bon, *(bis.)*
Allez le voir quand dînant sur sa table
S'il n'y a pas de ce jus délectable.

Qu'il est charmant,   } bis.
Qu'il a donc l'air d'un bon enfant.

Il nous défend aussi de faire gras *(bis.)*
Surtout après le jour du mardi-gras, *(bis.)*
Il aime tant et tant faire abstinence
Que d'un monsieur il a la corpulence

Qu'il, etc.

Il dit que Dieu défend d'aimer l'argent *(bis.)*
Et ses *pater* et ses *ave* nous vend *(bis.)*

Il n'y a que pour rien qu'il nous confesse,
Faut le payer pour qu'il dise une messe.

    Qu'il, etc.

Il nous défend aussi d'aimer catin (*bis.*)
Et lui a l'œil on ne peut plus mutin, (*bis.*)
Je ne sais pas si confessant les filles
Les trouve pas même par trop gentilles.

    Qu'il, etc.

Il ne faut pas en vouloir au prochain (*bis.*)
Lui vous en veut pour un regard, pour rien, (*bis.*)
Est notre maître en fait de médisance,
Pour calomnier pas un ne le devance.

    Qu'il, etc.

Le Capitoliste et Jean du Mollet.

Air connu de : *Monsieur Du Mollet.*

Refrain.

Roule ta bosse,
Jean du Mollet,
A tes dépens l'on fait la noce,
Roule ta bosse,
Jean du Mollet,
Tu payes le cabriolet.

Si l'on te donne de l'ouvrage
On te laisse très-peu de gain
Malgré ta force et ton courage
Tu ne peux y gagner ton pain !

    Roule, etc.

En te mettant l'espoir dans l'âme,
On te fait suer sang et eau,
Vont nus tes enfants et ta femme
Et nous avons laquais, château.

    Roule, etc,

A nos discours te laissant prendre
Devant nous tu baisses chapeau,
Et l'on est bon, qu'on te fait entendre,
Sot, tu tombes dans le panneau.

    Roule, etc.

Qui fait le riche sur la terre?
Ce sont les pauvres malheureux?
On n'aurait plus d'aumône à faire,
Si tout chacun vivait heureux.

    Roule, etc.

Pour s'arracher des mains du diable,
Faut professer la charité,
Vive à jamais le misérable,
Nourrissons bien la pauvreté.

    Roule, etc.

L'Espoir du malheureux.

Air : *Du dernier baiser* (de Victor Desmarets).

Dormez, ô mes enfants, moi pour vous je travaille
Mais, hélas ! au réveil, enfants, vous aurez faim !
Si pour vous reposer vous couchez sur la paille
Que je vous trouve au moins par mes travaux du
                                           [pain.]

Grand Dieu ! ma volonté devient une chimère
Car, malgré mon travail, ô mes pauvres enfants,

Vous êtes nus, sans pain, qu'elle affreuse
            [misère]!   ⎞
Faut-il que je vous voie vivre un jour men- ⎬ *bis.*
            [diants],   ⎟
Faut-il que je vous voie, que je vous voie ⎠
            [vivre en mendiants].

Tout chacun veut porter le nom de charitable
Et mon travail hélas n'est qu'à demi-soldé;
Car, c'est en abusant de l'état misérable,
Que toujours, que toujours le gain est diminué.
Même pour me loger, aucun propriétaire
Ne le veut parce que je vous ai mes enfants.

Vous êtes nus, etc.

Allons prenons courage, et Dieu l'a dit lui-même
Qu'un jour qui a souffert aura tous ses bienfaits.
Car, sans Dieu, l'homme a beau lancer son ana-
            [thème]
Il ne saurait changer du Très-Haut les décrets.
Résignons-nous, un jour, un jour viendra peut-être,
Où Dieu se souvenant de nous, ô mes enfants,
Vous saurez ce que c'est que d'avoir un bien-être,

Et sans avoir besoin de vivre en mendiants, ⎞
Vous saurez ce que c'est que d'avoir un   ⎬
           [bien-être] ⎬ *bis.*
Et sans que je vous voie, que je vous voie ⎠
           [vivre en mendiants].

L'Ange et l'Enfant.

Air : *Un ange des cieux* (de Eugène Sieuille).

Dors, pauvre enfant, sur toi toujours je veille,
Pour écarter les rêves d'ici-bas,
Pauvre innocent, en paix ton cœur sommeille,
Hélas ! un jour, enfant, tu grandiras.
N'écoutant plus la voix de ton bon ange
Homme comme eux tu deviendras méchant,
Dors, que ton cœur, enfant, jamais ne change,
C'est là mon vœux, oui, mon vœux le plus grand. (*bis*)

A peine entré aux portes de la vie
Que le plaisir, enfant, viendra vers toi
Et le plaisir n'est qu'une fleur flétrie
N'y touche pas, ô mon ami, crois-moi.
Le monde, hélas ! te montrera la femme
Comme devant faire tout ton bonheur
Ou du guerrier l'héroïssisme infâme,
Rouge de sang courant après l'honneur ! (*bis.*)

Dors et crois-moi, tout pour eux est mensonge,
Il n'est, enfant, qu'un seul et vrai bonheur,
Gloire et plaisir, tout passe comme un songe,
C'est de garder l'innocence du cœur.
En grandissant, avançant dans la vie,
Du monde, hélas ! ne subis pas la loi.
Dieu à ma garde en naissant te confie
Fais que toujours je reste près de toi (*bis.*)

L'Ange de charité.

Air : *Amour à toi* (de Mme Laure Jourdain).

La charité sur terre
Est un don des cieux, (*bis.*)
Vous aimez à la faire,
Madame, aux malheureux (*bis.*)

A Restau l'indigence
Quand vient le froid grison, (*bis.*)
Trouve avec assurance
Un habit de saison. (*bis.*)

L'orphelin, en échange,
La veuve en vous voyant, (*bis.*)
Disent : salue es l'ange.
Mère de l'indigent, (*bis.*)
Quand il neige et qu'il gèle
Les pauvres bien êtes, (*bis.*)
Disent, mon Dieu, sans elle
L'hiver nous trouvait nus. (*bis*).

Et la reconnaissance
Quand passe un voyageur (*bis.*)
Qui avec négligence
Demande quel seigneur (*bis.*)
Dans ce château habite
A sa curiosité (*bis.*)
C'est, répond tout de suite,
L'ange de charité (*bis.*)

On lui donna nom Blanche
En descendant du ciel, (*bis.*)
Plus que son nom est blanche
Son âme de mortel. (*bis.*)
Si Dieu la fit comtesse
Comtesse d'Andigné
Les pauvres, eux, sans cesse,
L'honorent dans Maigné.

La Plainte du vieux soldat.

Air : *De la saisie* (de Mahiet de la Chesneraye).

Un vieux soldat mourant de faim
Disait, versant de grosses larmes,

Quoi il me faut tendre la main
Pour prix d'avoir porté les armes.
Pendant huit ans, avec honneur,
Oui ! j'ai su servir ma patrie,
Mais ré ou é, quelle douleur !
Je ne puis pas gagner ma vie.
P't'é c'es un sous-officier
Qui doit aujourd'hui mendier. } bis.

Mais, il ignore l'empereur,
Que j'a cinq enfants, une femme,
Que sans pain et sans protecteur
Je ne puis faire de réclame.
Aussi, je prie les cieux
Qu'il gouverne et son fils sans cesse,
Hélas si je suis malheureux,
Il ne connaît pas ma détresse.

    Pitié, etc.

C'est de la faute à tous ces grands
Administrateurs subalternes,
Si l'on voit tant de vétérans
Avoir pour vivre tant de peines.
Aux malheureux ne veulent pas
Qu'aucun emploi on ne leur donne,
Pas même un débit de tabacs
Aimant mieux leur faire l'aumône.

Pitié, c'est un sous-officier
Qui vie t aujourd'hui mendier } bis.

Le Poète des champs.

Air : *A trente ans tout est perdu* (même Auteur)

Humble poète au village,
Je chante le vert gazon,

Je chante le vert feuillage,
Fleurettes et papillons.

Refrain.

Et mes simples chansonnettes
Valent bien tous vos refrains
Que font tous nos grands poètes
Au sortir de leurs festins.

} *bis.*

J'ai pour sujet la nature
Le ciel, la mer, l'univers,
Et sans craindre la censure
Oh je chante à livre ouvert.

Ecoutant dans la chaumière,
J'entends, j'entends prier Dieu,
O combien cette prière
Me dit que l'homme est bien peu.

} *bis.*

Orgueilleux, qu'est-on sur terre,
Opulent, peuple et héros,
Rien, rien qu'un peu de poussière,
Qu'un souffle couche au tombeau...

J'aime à chanter, je vous jure,
J'aime à chanter des gros bœufs,
La charrue et la culture,
Etat qui seul rend heureux.

} *bis.*

Voyant labourer la terre
Je pense aux belles moissons,
Que la fortune altière
Paye pour ses nourissons.

A toi seul est l'opulence.
O noble cultivateur,
Ris, ris de leur arrogance,
Tout se nourrit de ta sueur.

} *bis.*

L'Amour se plaît dans les blés.

Air : *La servante à Jean-François* (d'Hipp. Guérin).

Dans les blés ce qui s'y passe
Le monde ne le voit pas,
J'y ai vu plus d'une place
Où fut pris plus d'un appas.
En rentrant de l'assemblée
Rosalie avec Julien
Se sont promis l'hymenée,
Tout deux se donnant.... la main

Refrain

L'alouette,
La fauvette,
Seules sachant le serment,
De son père
De sa mère
On rit du consentement.

Plus d'un mari sans sa femme
Sait bien y passer so   temps,
En revanche aussi sa dame
Sait y trouver ses amants.
L'un et l'autre étant en faute
Sont parfois à quelques pas
A dire la patenôtre
Qu'Ève transmit ici-bas.

Refrain.

Car sans trève,
Depuis Ève,
Satan aux femmes l'apprend,
La montagne,
La campagne,

Comme la ville l'entend.
Mais, aux champs plus qu'à la ville
On peut y cacher son jeu,
L'on a bois, l'on a charmille,
Sans compter le coin du feu.
Qui d'amour veut se repaître
Dit nous faut quitter nos toits,
Le printemps vient de paraître
Vite partons pour les bois.

Refrain.

L'allouette,
La fauvette,
Viennent de faire leur nids,
Viens Estelle,
Viens ma belle,
Viens dénicher leurs petits.

Le bonheur n'est pas où l'on croit.

Air : *Dans un grenier qu'on est bien à vingt ans*
(de Béranger).

Vous insensés qui courez sur la terre,
Vous qui courez tous après le bonheur,
Vous le cherchez dans l'honneur et la gloire,
Vous le cherchez dans l'or et la grandeur.
Vous le cherchez partout où est le diable, }
Voilà pourquoi vous ne le trouvez pas (*bis.*) } *bis.*

Vous le cherchez dans la table et l'ivresse,
Vous le cherchez où, dans un fol amour,
Qu'y trouvez-vous ? que l'affreuse tristesse
Qui vous poursuit la nuit comme le jour.

Vous le cherchez partout où est le diable, }
Voilà pourquoi vous ne le trouvez pas (*bis.*) } *bis.*

Et vous dévots dans les vœux, **la prière**,
Vous le cherchez sans pouvoir le trouver,
Pourquoi cela c'est que Dieu sur la terre
N'habite plus, vous sûtes le chasser.

Croyant prier vous invoquez le diable, ⎫
Voilà pourquoi vous ne le trouvez pas (*bis.*) ⎬ *bis.*

Républicains, révolutionnaires,
Vous qui troublez le pauvre genre humain
Et rendant tous vos mains sanguinaires,
O dites-moi changez-vous le destin.

La rébellion n'appartient rien qu'au diable, ⎫ *bis.*
Voilà pourquoi vous ne le trouvez pas (*bis.*) ⎭

Un Dieu l'a dit : aimez-vous tous en frères,
Et vous serez tous heureux ici-bas,
Pour un peu d'or vous vous faites la guerre
Et vous courez où le bonheur n'est pas.

Pour nous le dire un Dieu s'incarna homme, ⎫ *bis.*
Pour le prouver on l'a mis au tombeau. (*bis.*) ⎭

Les Adieux du conscrit.

Air : *De l'orphelin Pierre, le meunier.*

Adieu, ma bonne mère,
Allons séchez vos pleurs,
Si je suis militaire
Il faut des défenseurs.
A la belle patrie
Où l'on reçoit le jour,
On lui doit notre amour
Ainsi que notre vie.

Voilà pourquoi je pars content ⎫ *ter.*
Ran, pan, tan, plan, au régiment. ⎭

Aux phalanges guerrières,
A tous les ennemis,
Qui viennent sur nos terres
Ravager le pays,
On doit avec courage
Opposer notre bras,
Et leur livrer combats
Sans haine et sans carnage.

Voilà pourquoi, etc.

Pour qu'en paix, ô ma mère,
Vous puissiez reposer
Auprès de mon vieux père,
Le soldat doit veiller.
Si le canon d'alarmes
Vous réveillait un jour
Priez Dieu nuit et jour
Pour un fils sous les armes.

Qui vous dit : je pars à l'instant, } ter.
Ran, pan, tan, plan, au régiment. }

Pourquoi ne l'aimerait-on pas.

Air : *Du brigadier qui a toujours raison* (de Gustave Nadeau).

Le philosophe dit que femme
Ne devrait jamais nous charmer,
Si Dieu nous fit un cœur, un âme,
Moi je dis que c'est pour l'aimer.
Et dis censeur veux-tu te taire?
C'est que vieux tu n'as plus le pas.
Si Dieu lui donna tout pour plaire } bis.
Pourquoi ne l'aimerait-on pas ? }

Notre curé toujours gourmande
En chaire et en confession,
Pourquoi çà, je vous le demande ?
C'est parce qu'on'aime Manon ?
D'un seul mot je le ferai taire
Je le pense et ne le dis pas.
    Si Dieu, etc.

Un père, un jour, fit la trouvaille
Près de sa fille d'un garçon,
Quoi, dit-il, tu oses canaille
Venir ainsi dans ma maison ?
Puis dit apaisant sa colère :
Jeune que ne faisais-je pas ?
    Si Dieu, etc.

Le vieux garçon, allant en terre,
Ne pouvant plus se faire aimer,
Se dit je suis propriétaire
Eh bien ! je vais me marier.
Faisant Rose mon héritière
Je dormirai sur ses appas.
    Si Dieu, etc.

Le vieux célibataire.

Air : (*Que m'venais-tu sanc culotte* ? (ronde
villageoise).

J'm'ennuyons célibataire
Et j'voulons-nous mariais.
Avant qu'on me porte en terre
J'voudrions un héritiais.
    Allons cherchons,
    Et puis tâchons
De prendre femme gentille,
Surtout jeune, c'est mignon.
} *bis.*

J'avons du foin dans nos bottes
Et j'pouvons choisir, je crois,
Les filles ne sont pas sottes
Riche on a un biau minois.
  Elles font ben
   Oui c'est certain,
Jamais biauté ne se mange
Les écus se mangent ben } *bis.*

Et si je portons la corne
Le jeune la porte aussi,
J'n'en s'rons pas pour ça pus morne
C'est là le sort d'un mari.
   Ce qui me \ ,
   Dans tout cela,
C'est qu'c'est mé qui s'rai le père
Des enfants qu'ma femme aura. } *bis.*

Défions-nous des filles.

Air : *De la culotte rouge* (ronde).

Vous garçons qui aimez les filles
Vous y laissez pas trop aller,
Si elles sont toutes gentilles
Elles savent bien nous tromper,
  Ecoutez bien ceci
C'est une véritable histoire
  Ecoutez bien ceci
Qui arriva non loin d'ici. } *bis.*

Une fille dans un village
Avait les deux plus jolis yeux,
Passant aussi pour la plus sage
Gilles en devint amoureux.
  Ecoutez, etc.

Lui dit un jour : veux-tu, la belle,
Qu'on se marie tous les deux.
Je le veux bien, répondit-elle,
Rester fille est fort ennuyeux.

Ecoutez, etc.

Ah ! faisons vite les fiançailles,
Jean Gilles puisque tu le veux.
Je voudrais vire aux épousailles,
Répondit Jean-Jean amoureux.

Ecoutez, etc.

Jean Gilles épousa la fille
Devinez ce qui arriva,
Elle, si sage et si gentille,
Trois mois après le fit papa.

Et de là je conclus,
D'après cette petite histoire,   }
Et de là je conclus   } bis.
Qu'on ne connaît plus les vertus }

La femme de Blaise chez son voisin.

Air : *Nous n'irons plus au bois* (ronde).

Si vous saviez voisin
Comme j'ai du chagrin,
Le mari que j'ai pris
A tous les cheveux gris.
Il est comme une souche,
Jamais n'ouvre la bouche.
Ne fait que dormir jours et nuits
Voyez ma peine (*bis*),   }
Ne fait que dormir jours et nuits } bis.
Sans regarder ce que je suis.

Sur lui mes frais appas
Ne peuvent rien, hélas !
Et mon cœur amoureux
Souffre auprès de mon vieux.
Car, une ardente flamme
Me consume dans l'âme.

Si vous ne l'éteignez, voisin,
   Voyez ma peine (*bis*),
Si vous me l'éteigniez, voisin,
   Oh! j'en mourrai soyez certain.
     } *bis.*

Vite, éteignons vos feux,
Jeune femme aux yeux bleus,
Car, devant tant d'amour
Je m'enflamme à mon tour.
Et sans que je vous aime
Oui je le sens moi-même,
Que je puis en ce moment-ci.

   Sans trop de peine,
   Chose certaine (*bis*),
Que je puis en ce moment-ci ;
Bien remplacer votre mari.
     } *bis*

   Merci, dès à l'instant,
   Je sens mon cœur content,
   Je vais donc dès ce jour
   Goûter un peu d'amour.
   Recevez ma tendresse,
   A la place de Blaise,

Ah tant pis, puisqu'il est trop vieux
   Prenez la toute (*bis*),
Ah tant pis, puisqu'il est trop vieux,
Remplacez-le de votre mieux.
     } *bis.*

Le coq du village.

Air nouveau.

Dans le village,
Sur mon passage,
J'entends dire à chaque instant
Oh! qu'il est bien, qu'il est charmant,
Oui de notre canton
C'est le plus biau garçon.

Parlez : J'crais ben qu'je l'si, avec un physique comme le mien; figurez-vous qu'j'avons un'bouche comme un four, des lèvres à rebord de pot d'chambre, des dents en touche d'épinette, un nez de bec de perroquet, un menton en galoche, des yeux d'chouette et louche par-dessus tout ça ; tout ça fait que j'plais énormément.

Et puis pour la chansonnette
Je suis vraiment très-fort,
Aussi de chaque fillette
Je vous fixe le sort.
Aucune ne résiste
En entendant mon chant,
Je suis vraiment artiste,
Artiste paysan.

Parlez : Aussi, dès que j'apparais dans une société, tout chacun me crie ; Jean-Jean ? Qué qu'j'réponds ? Chante donc !

5

Lors sans me faire prier,
Je commence
La romance
Que je sais si bien hurler.
(Chant paysan très-affecté)
Voyez là-haut sur la montagne,
C'est ma bergère qui m'attend.

Parlez : Hein ! j'espère que c'est chanté, crié,
hurlé, rien n'y manque !

Aussi j'enflamme
Toutes les femmes,
Et j'entends dire partout
Ah ! qu'il est donc de mon goût.

Parlez : La preuve que j'ai tout leur-z-amour
c'est qu'j'ai trente ans et que j'suis encore puceau,
il est vrai que c'n'est pas de ma faute, (voix niaise
et tremblante très-affectée) mais ben celle des filles
qui me r'fusent toujours (plus affecté et plus trem-
blant) ce qu'elles donnent si ben aux autres.

Enfin, si je suis aimable
Est-ce de ma faute à moi?
Non, la nature est coupable,
Je le jure sur ma foi.

Parlez : Que v'lez vous ? On se r'fait pas ! Tel
qu'on est, faut y rester. J'n'en sommes pas pns heureux d'avoir tant d'zagréments, car, j'si bentôt sourd
à force d'entendre vanter ma beauté, car :

Sur mon passage,
Tous chuchottant
Disent riant :
Qu'il est charmant,
Qu'il est plaisant,

C'est le coq du village,
Oui de notre canton
C'est le plus biau garçon.

Le XIXᵉ siècle.

Air : *Paris à cinq heures du matin.*

Ne faut pas tout croire
Pas même l'histoire,
Tout est dérisoire,
Aujourd'hui l'on vend

Au diable son âme,
Au voisin sa femme,
Tant l'or nous enflamme   } bis.
Au siècle d'argent.

Le prêtre, lui-même,
Tellement il l'aime,
Qu'à part du baptême,
Tout par lui se vend.

La moindre prière,
Le miracle à faire,
Le saint reliquaire,   } bis.
Tout vaut de l'argent.

La religion sainte
N'est plus que défunte,
Du masque l'empreinte
Se montre partout.

Le plus fou est sage,
La vertu volage,
Et l'impur langage   } bis.
Est du meilleur goût.

Pour être honnête homme,
Ami, voici comme,
On compte la somme
Que valent nos champs.

Seul, le millionnaire
N'a rien à refaire,
Hélas ! la misère
A tous les penchants.
} *bis.*

La vie est cocasse,
Tout n'est que grimace,
L'homme se remplace
Par un charlatan ;

Singeant la tendresse,
Aussi la tristesse,
Quand l'âme perverse
Du mal va riant.
} *bis.*

Malgré ce qu'on fasse,
L'homme sans grimace
Se fait faire place
En les regardant.

Le vice rend blême
La vertu que j'aime
Vous laisse soi-même
Même sans argent.
} *bis.*

Le petit Chat de Lucette.

Air : *Mon petit commerce*

Il n'est question que du chat
De Lucette dans le monde,
Pour croquer souris et rats
Tous y passent à la ronde.

Le bon petit ta de ri,
Le bon petit ta de ra,   } bis.
Oh ! le bon chat qu'à Lucette.

L'autre jour le beau Lucas
S'en va trouver la fillette,
Lui dit j'ai souris et rats
Qui me mangeront, Lucette.

Sans ton petit ta de ri,
Sans ton petit ta de ra,   } bis.
Sans ton petit chat-Minette.

Je ne dors, ni jour, ni nuit,
Tellement ils font tapage,
Ce n'est pas tout que le bruit
C'est qu'ils me font du ravage.

Me faudrait ton ta de ri,
Me faudrait ton ta de ra,   } bis.
Me faudrait ton chat, Lucette.

Me le soigneras-tu bien
Lucas si je te le prête ?
Tant qu'à cela ne crains rien
J'en réponds, belle Lucette.

Prends mon petit ta de ri,
Prends mon petit ta de ra,   } bis.
Prends donc mon chat, dit Lucette

Lucas le prit tout joyeux,
Partant riait en cachette,
Disant je dormirai mieux
Avec le chat de Lucette.

J'ai le petit ta de ri,
J'ai le petit ta de ra,   } bis.
Le petit chat de Lucette.

Hélas! le méchant Lucas
Au petit chat de Lucette,
Vous fit tant manger de rats,
Qu'il en enfla... pauvre bête!

Il enfla tant ta de ri,
Il enfla tant ta de ra,   } *bis.*
Qu'on crût sa carrière faite.

La mort de l'Enfant trouvé.

Air : *De la fille du lac.*

Quand tout faisait silence
Dans l'ombre de la nuit,
J'admirais la puissance
Du très-haut : quand le bruit
D'une voix faible et tendre
Fit entendre ces mots :
Mon Dieu daignez entendre
Mes cris et mes sanglots.

Dieu seul ici-bas
J'attends le trépas,
N'ayant ni père ni mère,   } *bis.*
Plutôt que souffrir
Faites-moi mourir,
La mort est mon seul désir.

Quand du sein de la femme
Mon corps se sépara
Et qu'il eût reçu l'âme
Elle m'abandonna,
En me léguant pour mère
La dure charité
Et le mépris pour père,
Sort de l'enfant trouvé.

D'un impur amour
J'ai reçu le jour,
N'ayant ni père, ni mère, etc.

Puis la voix plus plaintive
Dit : ô mon Dieu, pardon,
La mort, la mort m'arrive,
A ma mère pardon !
Si elle fut cruelle
Jusqu'à m'abandonner,
Le monde la fit telle,
Veuillez lui pardonner.

Je n'entendis plus
Que ces mots rendus
Par les échos dans l'espace
A m'abandonner.
On sut la forcer
Dieu ! veuillez lui pardonner.

} bis.

Je voudrais bien, je ne peux pas.

Air : *Si vous ne me mariez pas, mamam, je ne filerai pas.*

Une homme marié disait :
Me faudrait pour m'égayer l'âme,
Jeune tendrons, ça me plairait
Mais je suis vieux, j'ai une femme,
En vain mes yeux parlent d'amour,
Vénus m'a chassé de sa cour.

Je voudrais bien, je ne peux pas
C'est ce qui cause mon tracas

} bis.

Certain garçon, mal partagé
Dans les dons que fait la nature,

Etait laid et fort maltourné,
Boiteux, bossu, laide figure
Disait en pleurant nuit et jour ;
Jamais je goûterai l'amour.

Je voudrais bien, je ne peux pas, } *bis*.
C'est qui cause mon tracas

L'opulent comptant ses millions
Pousse un gros soupir de tristesse,
Dit : je vois que valletaillons
Pour m'encenser dans ma richesse.
A défaut de la royauté
Cherchons à être député

Je voudrais bien, je ne peux pas } *bis*
C'est ce qui cause mon tracas.

Des savants qu'on nomme Martin
Véritables suppôts du diable,
En baragouinant du latin
Mènent une vie agréable,
Pour de l'argent ouvrent les cieux,
Et ferment l'enfer ténébreux.

Je voudrais bien, je ne peux pas, } *bis*
Croire à tous leurs galimatias

La chasse aux puces.

Air : *Du chapeau de la Marguerite.*

La nuit étendait tous ses voiles
Et l'heure du sommeil sonnait,
Car, au ciel brillaient les étoiles
Et tout sur terre se taisait.
Quand tout-à-coup une lumière

D'une fenêtre scintilla,
Mon regard alors s'y porta;
Je vis !!! de la nuit doux mystère,
Je vis, Rose sur son séant,

Puis dans sa chemise chassant
L'agile puce sanguinaire   } bis.

Et Rose en ouvrant sa chemise
Sans crainte montrait ses appas
Et faut-il que je vous le dise
Que je les vois toujours, hélas !
Mais ce n'est pas tout dans l'affaire,
Lasse de chercher par en haut
La relevant de bas en haut
Alors de l'île de Cythère,
Je vis les abords les plus beaux.

Sa fontaine et tous ses roseaux, } bis.
Grâce à la puce sanguinaire.

Lors je dis à la chasseresse
D'ouvrir que j'allais lui aider,
Dans cette chasse vengeresse
Rose m'ouvrit sans plus tarder.
De puces, digne meurtrière,
Et voulant toutes les chasser
Ne pensa pas de refuser
D'entrer dans l'île de Cythère.
Et si j'eus ce bonheur si doux,

C'est que Rose était en courroux, } bis.
Grâce à la puce sanguinaire.

Tous garçons aiment cette chasse
La voir et la faire leur plaît,
Plus que celle de là bécasse
Du lièvre, lapin et merlét,

Filles, l'avis que je vous donne,
Si la puce vous tracassait
Qu'à la chasser vous forcerait
Pour n'être vue de personne
Veillez à ce que vos rideaux
Soient bien au-devant de carreaux, } bis.
Je crois cette méthode bonne.

La Mère et l'Enfant.

Air : *De l'hirondelle du prisonnier.*

Non jamais ma tendresse
Sur mon cœur, ne te presse
    Assez souvent,
Car tellement je t'aime,
Que ma vie est toi-même,
    O mon enfant.

J'aime ta main mignonne
Qui caresse et chiffonne
    M'égratignant
J'aime que tu sommeilles
Et que tu te réveilles
    Même en pleurant.

La plus belle couronne
Même le plus grand trône
    Auprès de toi,
N'est rien sur cette terre
A tout je te préfère,
Car, tout, c'est toi !

A toutes les richesses
Préfère les caresses

Que tu me rends :
Vaudrait mieux que la vie
Me fut toute ravie
Que mon enfant.

Les chats pour des chiens ne sont pas pris.

Air : *Ça d'vait les gêner su' l'moment.*

Le mari confiant dans sa femme
Laisse près d'elle ses amis
Que leur accorde cette dame
Rien que l'amitié, c'est permis.
Pas plus que vous j'y vois malice,
Souffrez pourtant que je le dise
Si la nuit tous les chats sont gris
Pour des chiens ils ne sont pas pris } *bis.*

Quand je vois rougir une belle
En entendant un mot léger,
Je dis sûrement qu'avec elle
Agir là ferait moins changer,
Car je dis de qui s'effarouche,
Des mots qui sortent de la bouche.

    Si la nuit, etc.

Quand je vois nos prudes dévotes,
Toujours parlant confession,
Allant disant leur patenôtre
Traitant l'amour de passion.
Sans que la religion j'attaque
Je dis : je te connais beau masque.

    Si la nuit, etc.

Quand un homme sur son passage,
A tous mendie des saluts,
Se disant riche, honnête et sage,
Je dis : je vois, vieux tes vertus.
Arrière, mendiant, ta richesse
Au lieu de t'élever t'abaisse.

    Si la nuit, etc.

J'aime à voir qu'envers la misère
On professe la charité.
Quoique tout chacun dit le faire
Je ne vois qu'inhumanité,
Et le pauvre avec complaisances
Salut encor nos doléances.

    Si la nuit, etc.

Si j'étais opulent.

Air : *Si j'étais le roi.*

J'yrais en carosse,
J'aurais des laquais,
Bon Dieu qu'elle bosse
Je me donnerais (*bis*).

A ma boutonnière,
J'aurais des rubans, } *bis.*
Couronne princière,
Si j'étais opulent.(*bis*)

Je serais ministre,
Si ça me plaisait,
On a place et titre,
Avec le jaunet (*bis*).

Je serais poète,
Poète éloquent,
Adieu mon air bête, } *bis.*
Si j'étais opulent (*bis.*)

Tout sur mon passage
Mettant chapeau bas,
Tiendrait ce langage,
Qu'on tient haut, non bas (*bis*).

Gloire à son Excellence
Des pairs le plus grand, } *bis.*
Ministre de France,
Si j'étais opulent (*bis*)

Un homme modeste
Au lieu de tout ça,
Ministre ou poète,
Laisse tout ça là (*bis.*)

Pour vivre au village
Père d'indigent, } *bis.*
Fi! de l'étalage,
Si j'étais opulent (*bis.*)

D'où vient l'opulence
Ce n'est pas de Dieu.
Et si l'indigence,
Existe en ce lieu (*bis*).

C'est que la misère,
Naquit de l'argent, } *bis.*
Je serais son frère
Si j'étais opulent (*bis.*)

Jésus-Christ sur terre
N'était pas baron;
Et qui veut s'y faire,
Fuit ce Dieu si bon (*bis*).

Craindrais pour moi-même
Ce qu'il dit souvent :
Au riche, anathème,
Si j'étais opulent (*bis.*)   } *bis.*

C'est pas la couronne
Qui nous rend mauvais,
C'est l'orgueil qui donne,
Au cœur nos méfaits (*bis*).

Car avec folie,
On fuit le mendiant,
Il serait ma vie
Si j'étais opulent (*bis.*)   } *bis.*

Les Gueux d'aujourd'hui.

Air : *Des gueux* (de Béranger).

Est-ce l'ordre que tout change ?
Eh quoi aujourd'hui les gueux !
Méritent plus la louange,
Que Béranger chanta d'eux.

Ne disons plus,
Qu'ils ont les vertus
Les gueux sont perdus,
Ne s'aimant plus...   } *bis.*

Jadis les gueux dans la peine,
Savaient se tendre la main.
Aujourd'hui preuve certaine,
Les gueux s'entr'ôtent le pain.

Se déchirant,
En se critiquant,
Les gueux maintenant,
Sont plus parents.   } *bis.*

Chez eux la dame discorde
Par l'orgueil sut bien chasser,
La bonne femme concorde
Qui les faisaient s'entr'aimer.

> Aussi les gueux
> Sont tous malheureux
> L'orgueil est chez eux,
> La honte, aux gueux.
> } *bis.*

Croyant tous que la richesse
Est le comble du bonheur,
Cette illusion les berce,
C'est ce qui fait leur malheur.

> Car maintenant,
> Les gueux sans argent
> Se croient opulents,
> Vont s'écrasant.
> } *bis.*

Où sont les gueux du poète,
Qui savaient se secourir
Il se font aujourd'hui fête,
De s'entre faire mourir.

> Rappelez tous,
> Gueux l'union chez vous
> Avec vos gros sous,
> Vous vivrez tous !
> } *bis.*

La Paysanne (Pot-Pourri).

Air : *Au clair de la lune.*

J'n'avons pas de fortune
Mais qui qu'ça nous fait,
Si jen voulions une,
J'cré ben qu'on l'aurait,

Le seigneur du village,
Nous fait compliment.

Air Malborough.

J'répondons à sa tendresse,
Mironton, ton, ton mirontaine,
Vous vous trompez d'adresse
C'nest pas vous qui l'aurez (*bis*).
Je l'gardons pour un autre,
Mironton, ton, ton, mirontaine,
Je n'serons point la vôtre,
Je vois ben c'que vous voulez (*bis*).

Air : *Un bon voyage M. Dumollet.*

Un bon voyage
Mon beau seigneur,
Quoiqu' paysanne je sommes sage. } *bis.*
Un bon voyage
Mon beau seigneur,
Allez vous adresser ailleur.

Air : *La soupe aux choux.*

M'sieur la vertu est la dot que j'apporte
Et j'serons ben malgré vous la garder,
D'vous écouter je n's'rons point si sotte
Vos compliments vous pouvez rengaîner.

Air : *Encore un carreau d'cassé.*

C'est pour Jean qu'j'allons le garder,
S'il nous prend en mariage,
C'est pour Jean qu'j'allons le l'garder,
S'il sait le mériter.

Air : *Maître Corbeau.*

Filles si vous voulez pures vous conserver,
Répondez aux seigneurs qui viennent vous causer,

Gardez vos tendresses,
Et moi ma vertu,
Sont pas vos richesses.

Qui paieront mon tu, tu,
Sur l'air du tra la la la (*bis.*) } *bis.*
Sur l'air du traderidera la la la.

Le bon Pasteur et le Mercenaire,

Air : *Des brigands espagnols.*

L'on voit plus d'un mercenaire
Sous l'habit du bon pasteur,
Nous enseigner à mal faire
En nous enseignant l'erreur (*bis*)
En main l'Evangile,
Et l'orgueil au cœur,
Des passions viles
En suivre l'horreur.

Malheur, malheur a toi pasteur indigne, } *bis.*
Crains la vengeance du Seigneur.

Va si bien que tu te caches,
Sous l'habit du vrai berger;
On te connaît quand tu marches
Et ta voix ne peut changer (*bis.*)
Dans la bergerie,
Tu conduis les loups.
Nous ôtant la vie,
Dis nous sauver tous.

Malheur, etc.

Bon pasteur comme ton maître,
Tu veilles sur ton troupeau

La vertu leur faisant paître,
Chante sur ton chalumeau (*bis*).
Le bonheur suprême,
Que goûtent les saints,
Fais ce que Dieu aime
Et fuis tous larcins.

Honneur (*bis*) à toi pasteur docile,   } *bis*.
Aux vrais préceptes du Seigneur.

A la brebis égarée
Tu parles avec douceur,
Et quand elle s'est ramenée
Pour toi c'est le bonheur ! (*bis*).
Prêtre, à ton pieux zèle,
Le Maître des cieux
Tend sa main fidèle ;
Reste vertueux.

Honneur (*bis*) au pasteur, au bon prêtre } *bis*.
Qui nous aimant sert le Seigneur.

La Chanson.

Air : *A Paris, dit-on, c'est l'usage dans les pages
de Bassompierre.*

Admirant la couleur vermeille,
Le franc buveur, de son vin,
Prenant d'une main sa boutcille,
Entonne de suite un refrain
Sans chanter une chansonnette
Buveurs, trouve-t-on le vin bon ?
Non, non, pour qu'on soit en goguette
Et chasser la vieille raison,
Faut la chanson.

Quand il se fait un mariage
On réunit parents, amis,
De faire un repas c'est l'usage,
C'est l'usage dans tous pays.
Que fait-on lorsqu'on est à table?
L'on y boit et mange, dit-on ?
Pour qu'un repas soit agréable
Après le gigot de mouton
   Faut la chanson.

A la mansarde, à la chaumière,
Souvent on y manque de pain !
Pour égayer enfants et mère,
Le père entonne un gai refrain.
Ce chant relevant leur courage,
Sans pain l'on rit à la maison.
Quoi ! sans pain ! pour rire à l'ouvrage
Et trouver son déjeuner bon,
   Faut la chanson.

Le soldat au champ de bataille
Affrontant mille fois la mort,
Semble défier fer et mitraille
De pouvoir terminer son sort.
Rire devant la fusillade
Est-ce folie ou bien raison?
Pour faire de telle bravade,
Malgré trompettes ou clairons,
   Faut la chanson.

L'amour dans le pays du Tendre,
S'il veut se frayer un chemin,
Vous a-t-il d'autres plans à prendre
Que de chanter soir et matin.
Non, car c'est par la chansonnette
Que la fille plaît au garçon,

Garçons, pour plaire à la fillette,
Quoiqu'on soit beau et bon,
Faut la chanson.

Le Rêve et la Réalité.

Air : *L'astre de nuit quand il est dans son plein.*

J'avais rêvé au temps où naît l'amour,
Que l'amitié était dans cette vie
Le seul bonheur : Naïve, un homme un jour
Me dit : enfant, je t'aime à la folie,
Donne ton cœur, je te donne mon âme.

Croyant dans ce qu'il me disait,
Je lui dis c'est un marché fait.   } bis.
Ami, je serai votre femme.

Enfant, dit-il, à quoi donc rêves-tu ?
Nous marier, non, non jamais la belle,
Le mariage est la fausse vertu
Qui aux femmes rend la vie trop belle,
Ne craignant rien, l'on vous voit trop mes dames

Jouer au jeu de l'écarté,
Faire endosser paternité.   } bis.
Pour que je prenne jamais femme.

Toute étonnée alors je regardais,
Ne sachant pas si je devais le croire,
Ne pas aimer ! Du moins je l'entendais,
Pour mes quinze ans, quelle fatale histoire ?
Comment l'amour, sans sa sœur l'hyménée,

Séparés pouvaient-ils aller
Point marié comment s'aimer,   } bis
L'affaire m'était ignorée

Mais, aujourd'hui, femme, je comprends tout,
C'est ce qu'on fait presque tous dans ce monde.
L'amour n'est plus qu'une passion, qu'un goût,
Qu'on satisfait tous sans cesse à la ronde.
Jouer avec une chose sacrée,

L'amour du ciel, ce don précieux,
Aussi l'on est tous malheureux,   } bis.
Car la confiance est envolée.

Je n'sais pour qué Lise m'fait tant d'effet.

Air : *Si grand'mère le savait.*

Quand j'lavoyons c'est un'drôle d'affaire,
Comm' si j'avions la fièvre je tremblons,
Et pour la voir je n'savons comment faire,
J'allons après, et pourtant j'la fuyons.
C'est malgré moi que j'la trouvons gentille.
Je dis toujours que c'est pas ell'qui m'plaît,
Et pis tout vrai, j'n'aimons aucune fille,

Je n'sais pour qué (*bis*) Lise m'fait (*bis*) tant d'effet.

La nuit, hélas ! j'faisons qu'rêver d'elle,
Je la voyons qui vient s'coucher près d'mè.
Créyant qu'c'est vrai, j'allumons la chandelle,
Pis j'vèyons ben que j'avons rêvé par ma fè.
Une autre fois m'embrassant sur la bouche,
Toujours rêvant, me dit mon p'tit Tiennet,
Je t'aime ben, j'crè alors qu'ell'me touche.

Je sais pour, etc.

Sur mon chemin quand j'allons à la ville
Mener maman pour y vendre ses œufs,
La rencontrant, maman qu'aime c'te fille,

La fait monter et j'les m'nons tout'les deux,
Assise auprès d'mè sur la banquette,
Je sens son pied qui sur le mien se met,
Fè de Tiennet j'perdons alors la tête.

Je n'sais pour, etc.

Chaque dimanche on se rend à l'Eglise
Pour y prier notre divin Sauveur,
C'est notre fè, hé ben! faut y qu'je l'dise
Que si j'la vè je n'peux prier de tout cœur.
J'ons biau voulair regarder dans mon livre
Ou ben encor voulair dir' notr' chapelet,
Je n'fesons rien, rien que des yeux la suivre.

Je n'sais pour, etc.

L'Algédor.

Air : *De la mère Jeanne* (vaudeville).

Rose, tu voudrais bien connaître,
Je le vois, où croit l'algédor,
Les uns veulent le faire naître
Dans les grandeurs ou bien dans l'or.
D'autres le cherchent dans l'orgie
Ou dans des amours passagers,
D'autres dans la gastronomie,
Tous ces semblants sont mensongers.

Rose, tu vas comprendre
Où seul peut naître cette fleur,
Deux cœurs qui savent bien s'entendre
Sont le lieu où croit le bonheur,   } bis.
Tout autre n'est qu'erreur.
Rose, Rose pour bien comprendre, } bis.
Rose, faudrait unir nos cœurs.

Si le ciel n'est pas sans nuage
Il garde toujours son soleil,
Rose, quand on est en ménage,
Rose il faut ressembler au ciel,
Si la colère a fait l'orage
Qui en obscurcit l'horizon,
Rose, pour chasser le nuage,
Le soleil pour nous, c'est l'union.

Rose, etc.

Si l'union chasse la discorde,
Elle sait rappeler l'amour ;
A la vieille mère concorde
L'amour a toujours fait sa cour ;
Ainsi Rose, dans cette vie,
Le jardin où croît l'algédor
Est la concorde et la folie,
Un pur amour et non pas l'or.

Rose tu vas comprendre
Où maintenant naît cette fleur,
Ton cœur me laisseras-tu prendre
Pour y cultiver le bonheur ?
Sur ton front la pudeur,
En rougissant me laisse entendre
Que tu consens d'unir nos cœurs.

} *bis.*

La Mi-Août (A Propos).

Air : *Des contrebandiers* (marche militaire).

Français, célébrons tous la fête,
De notre sublime empereur,
Napoléon à notre tête,
C'est paix, progrès, gloire et bonheur.

Chantons (*bis*) tous en chœur,
O vive, vive la France,
Nos enfants ont l'espérance,
Dans le fils de l'empereur.
    Vive Napoléon (*bis*)
Il est notre bonheur.

Ce jour est celui où Marie,
Comme étant mère du Seigneur,
Reçut la couronne de vie,
Des mains de son fils le Sauveur.

Chantons (*bis*) tous en chœur
Au ciel chantent tous les anges,
Ici chantons les louanges
De notre grand empereur.
    Vive Napoléon (*bis*)
Il est notre bonheur.

Qu'aujourd'hui tout Français s'incline,
Pour prier le Maître des Cieux.
Qu'il étende sa main divine
Sur du grand Corse les neveux.

Chantons (*bis*) tous en chœur
Dieu exauce nos prières,
Allons tous vider nos verres
Disant de bouche et de cœur :
    Vive Napoléon (*bis*)
Il est notre bonheur.

La Garde nationale mobile.

Air : *Des adieux d'Eugénie à son amant, le marin.*

Des campagnes et des villes
Accourez sous les drapeaux,
Accourez, gardes mobiles,
Venez, gardes nationaux.

Vive la garde mobile
Qui, en gardant nos drapeaux,
Dans les champs comme à la ville,
Pourra vaquer aux travaux.

} *bis.*

Tout en cultivant la terre,
Les beaux-arts et les métiers,
O Français, à l'âme fière,
Vous devenez des guerriers.

Vive la, etc.

De l'armée militaire
La mobile est le soutien,
Soit en paix ou soit en guerre,
Le respect lui appartient.

Vive, etc,

Tous d'envie, on vous regarde
Braves civils défenseurs,
Honneur à toute la garde,
Tout Français vous dit : Honneur.

Vive, etc.

Vrai soldat à nous défendre,
Le garde mobile est prêt,
Napoléon sait comprendre
Seul du pays l'intérêt.

Vive, etc.

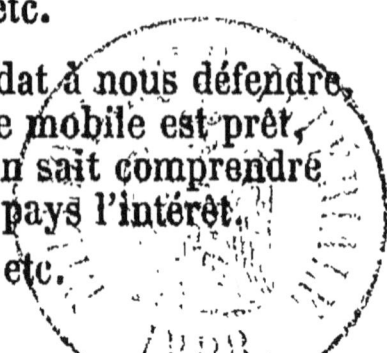

6

TABLE.

TABLE